任何夜時

100 份简单美味的墨西哥风味餐点食谱。从星期二的炸玉米饼到每天的晚餐，随时探索快速美味的炸玉米饼食谱。

玉 莫

免责声明

本书中包含的信息旨在作为本书作者研究过的策略的综合集合。摘要、策略、提示和技巧仅由作者推荐，阅读本书并不能保证一个人的结果将完全反映作者的结果。本书的作者已尽一切合理努力为本书的读者提供最新和准确的信息。对于可能发现的任何无意的错误或遗漏，作者及其相关方不承担任何责任。书中的材料可能包括来自第三方的信息。第三方材料包含其所有者表达的意见。因此，本书的作者不对任何第三方材料或意见承担任何责任或义务。无论是因为互联网的发展，还是公司政策和社论提交指南的不可预见的变化，在撰写本文时陈述的事实可能在以后变得过时或不适用。

目录 4

引言 10

鸡肉和火鸡 11

1. 慢炖锅鸡肉炸玉米饼 12
2. 简单快捷的火鸡炸玉米饼 14
3. 慢炖锅香菜酸橙鸡肉炸玉米饼 16
4. 鸡肉炸玉米饼配自制莎莎酱 18
5. 酸橙鸡肉软炸玉米饼 20
6. 德州墨西哥鸡肉炸玉米饼 22
7. 硬壳鸡肉炸玉米饼和豆泥 24
8. 苹果洋葱鸡肉软炸玉米饼 26
9. 法吉塔鸡肉炸玉米饼 28
10.嘉年华鸡肉炸玉米饼 30
11. 烤鸡肉炸玉米饼 32
12. 软鸡肉玉米卷 34
13. Rotisserie Chicken Cheddar Taco 36
14. 布法罗鸡肉炸玉米饼 38
15. 剩下的鸡肉炸玉米饼 40
16. 慢炖锅鸡肉炸玉米饼 42
17. 柑橘香草鸡肉炸玉米饼 44

18. 奶油鸡肉鳄梨炸玉米饼 46

19. 橄榄鸡肉玉米卷 48

20. 鸡肉辣椒 Verde 炸玉米饼 50

21. 鸡肉切达烧焦玉米卷 52

22. 鸡肉炸玉米饼配米饭和雪利酒 54

23. 烤鸡和红辣椒炸玉米饼 56

牛肉和羊肉 58

24. 牛肉炸玉米饼 59

25. 牛肉野蘑菇、牛排和波布兰诺炸玉米饼 61

26. 低脂牛肉豆玉米饼 63

27. 牛肉切达炸玉米饼 65

28. 烧烤牛肉炸玉米饼 67

29. 炸玉米饼 69

30. 脆皮鹿肉炸玉米饼 71

31. Carne Asada 牛排炸玉米饼 73

32. 鹰嘴豆绉玉米饼配小牛肉和茄子 75

33. 牛排炸玉米饼和莎莎酱 78

34. 碎牛肉炸玉米饼 80

35. Pan Tacos 配碎牛肉和白米饭 82

36. 炸玉米饼配剩余的汉堡包 84

37. 水牛式牛肉炸玉米饼 86

38. 牛肉玉米卷卷 88

39. Carnitas-Style 烤牛肉炸玉米饼 90

40. 小塔可牛肉馅饼 92

41. 一锅芝士炸玉米饼煎锅 94

42. 裙子牛排街炸玉米饼 96

43. 波多黎各炸玉米饼 98

44. 多肉玉米卷砂锅 100

45. 牛肉香菜玉米卷 102

46. 番茄汤牛肉炸玉米饼 104

47. 烤羊肉配软炸玉米饼 106

猪肉 108

48. 烤猪肉炸玉米饼和木瓜沙拉 109

49. 肉丝炸玉米饼 111

50. 猪肉鸡蛋玉米饼 113

51. 猪肉卷饼 115

52. 炸玉米饼卡车炸玉米饼 117

53. 炸玉米饼配烤波兰熏肠 119

54. Picadillo 炸玉米饼 121

55. 加州风味猪肉炸玉米饼 123

鱼和海鲜 125

56. 蜂蜜香菜虾软炸玉米饼 126

57. 巴哈鱼炸玉米饼 128

58. 虾炸玉米饼 130

59. 鱼卷配香菜沙拉和墨西哥辣椒蛋黄酱 132

60. 烤虾和黑豆炸玉米饼 134

61. 熏黑的卡波鱼炸玉米饼 136

62. 辣虾炸玉米饼 138

63. 罗非鱼炸玉米饼 140

64. 莫吉托烤鱼卷配青柠色拉 142

65. 香菜酱烤鱼卷 144

66. 健康鱼炸玉米饼 146

67. 卡津虾炸玉米饼配番茄酱 148

68. 酸橘汁腌鱼炸玉米饼 151

69. 烤鱼卷配绿色莎莎酱 153

70.玛格丽特虾炸玉米饼 155

71. 三文鱼炸玉米饼 157

72. 玉米沙拉海鲜炸玉米饼 159

73. 红鲷鱼软炸玉米饼 161

儿童炸玉米饼 163

74. 新鲜水果炸玉米饼 164

75. 水果夹心低脂可可炸玉米饼 166

76. 椰子水果炸玉米饼 168

77. 炸菠萝橙炸玉米饼配磨碎的巧克力 170

78. 儿童鱼卷 172

79. 冰淇淋炸玉米饼 174

植物性炸玉米饼 176

80. 香脆鹰嘴豆玉米饼 177

81. 豆豉炸玉米饼 179

82. 蘑菇炸玉米饼配 Chipotle 奶油 181

83. 扁豆、羽衣甘蓝和藜麦炸玉米饼 183

84. 玉米莎莎酱黑豆炸玉米饼 185

85. 烤哈罗米炸玉米饼 187

86. 简单的素食炸玉米饼 189

87. 豆子和烤玉米卷 191

88. 黑豆米饭沙拉炸玉米饼 193

89. 有嚼劲的核桃炸玉米饼 195

90. 清潭炸玉米饼 197

91. 很棒的豆腐炸玉米饼 199

蔬菜炸玉米饼 201

92. Rajas con Crema 炸玉米饼 202

93. 红薯和胡萝卜丁加玉米饼 204

94. 土豆香肠炸玉米饼 206

95. 夏季 Calabacitas 炸玉米饼 208

96. 辣西葫芦和黑豆炸玉米饼 210

97. 芦笋炸玉米饼 212

98. 牛肉豆芽卷 214

99. 鳄梨酱豆玉米饼 215

100.扁豆炸玉米饼 217

结论 **219**

介绍

用"Everyday Taco"让每晚都成为炸玉米饼之夜。

- 炸玉米饼是最舒适的食物，通过“日常炸玉米饼”，您会发现如何在一周中的每个晚上快速轻松地制作炸玉米饼餐。
- 有 100 种炸玉米饼、墨西哥卷饼和其他墨西哥风味菜肴的食谱，您会发现各种既美味又易于制作的选择。
- 无论您是为自己还是为家人做饭，这本食谱都非常适合忙碌的工作日夜晚或慵懒的周末。
- 借助制作完美炸玉米饼的分步说明和有用提示，您将能够制作出令人满意、美味且适合任何场合的餐点。

无论您是炸玉米饼爱好者还是只是想寻找快捷方便的餐点，《日常炸玉米饼》都是适合墨西哥风味爱好者的完美食谱。因此，让我们开始做饭，开始享受炸玉米饼可以带来的美味和令人满意的饭菜吧！

鸡肉和火鸡

1. 慢炖锅鸡炸玉米饼

制作：8份

原料：

- 1磅鸡胸肉
- 1 包炸玉米饼调味料
- 1 罐莎莎酱
- 2-3 个西红柿
- 切达奶酪

指示：

a) 取一个中型瓦罐，用小火将鸡肉煮约 8 小时。

b) 在将它放在玉米饼上之前，将其切碎并加入其余的配料和调味料。

2. 快速简便的火鸡炸玉米饼

制作：8份

原料：

- 1磅地面火鸡
- 炸玉米饼调味料
- 1 杯切碎的奶酪
- ¾杯水
- 1 罐西红柿丁配罗勒、牛至和大蒜
- 1罐黑豆
- 低碳水化合物玉米饼和生菜

指示：

a) 在一个中等大小的平底锅中开始煎火鸡肉，直到它变成棕色。

b) 加入水、西红柿丁和豆子，用文火煮至均匀。

c) 将混合物浇在每个玉米饼上，加入生菜和切碎的奶酪。

3. 慢炖锅香菜酸橙鸡肉炸玉米饼

制作：6份

原料：

- 1磅鸡胸肉
- 1 罐莎莎酱
- 3汤匙新鲜香菜
- 1 包 Taco 调味料
- 1 酸橙（汁）
- 6 全麦玉米饼

指示：

a) 将鸡肉、炸玉米饼调味料、香菜、酸橙汁和莎莎酱放入中型慢炖锅中；用小火煮 8-10 小时（您可以过夜）。

b) 完成后，将肉切碎，放在玉米饼上，加入调味料（橄榄、生菜、洋葱和其他酱汁）。

4. 鸡肉炸玉米饼配自制莎莎酱

品牌： 2 份

原料：

辣肉：

- 1 块鸡胸肉（立方体）
- 1 瓣大蒜
- ½ 番茄
- ½ 茶匙洋葱和辣椒粉
- ½ 茶匙孜然和辣椒粉
- ½ 青柠（汁）

莎莎酱：

- ¼ 杯洋葱丁

- ½ 番茄丁
- 1 撮盐
- ¼ 杯新鲜香菜
- ½ 青柠汁
- ½ 鳄梨丁
- ½ 小墨西哥辣椒

其他：

- 4个玉米饼
- ¼ 杯马苏里拉奶酪
- ½ 杯生菜（切碎）

指示：

a) 拿一个中等大小的煎锅， 加入鸡肉、香料、大蒜和酸橙汁，把所有东西都煮熟。

b) 把切好的西红柿倒在炸鸡上。

c) 同时， 开始混合莎莎酱的配料。加热每个玉米饼， 加入鸡肉混合物、生菜、莎莎酱和马苏里拉奶酪。

5. 酸橙鸡肉软炸玉米饼

制作：10份

原料：

- 1.5 磅胸肉（立方体）
- 10 个 Fajita 大小的玉米饼
- ¼杯红酒醋
- ¼ 杯莎莎酱
- ½ 青柠汁
- 1 茶匙 splenda
- ¼ 杯蒙特雷杰克奶酪（切碎）
- ½ 茶匙盐和黑胡椒粉
- 1 个番茄丁
- ½ 杯生菜（切碎）

- 2 个大葱和蒜瓣
- 1茶匙干牛至

指示：

a) 在中等大小的平底锅中，用中火将鸡胸肉炒约 15 分钟。

b) 加入一些酸橙汁、葱、醋、牛至和其他调味料，再用文火炖 5 分钟。

c) 将每个法吉塔玉米饼加热到一个大煎锅中，每边用中火加热。

d) 制作每个玉米饼，加入鸡肉混合物，

6. 德州墨西哥鸡肉炸玉米饼

制作： 4 份

原料：

- 8个玉米饼
- 1磅鸡胸肉（块）
- ½ 杯酸奶油
- ½ 杯橙汁
- 1茶匙玉米淀粉
- ¼ 杯新鲜香菜
- 1 杯冷冻整粒玉米
- 1 茶匙酸橙皮
- 1 个墨西哥辣椒

- 1个中等甜红辣椒
- 3 瓣大蒜
- 2茶匙橄榄油
- ¼茶匙盐和黑胡椒

指示：

a) 将鸡肉和其他腌料放入塑料袋中，放入冰箱冷藏 1-2 小时。腌制好后，将其沥干并放入中型煎锅中煮至脆嫩。

b) 加入甜椒、一些腌料和玉米淀粉，再煮 2 分钟。

c) 在微波炉中将每个玉米饼加热 40 秒，将鸡肉分成几份，加入一些酸奶油、生菜、洋葱和调味料。

7. 硬壳鸡肉炸玉米饼和豆泥

制作：5份

原料：

- 1 杯切碎的墨西哥奶酪
- 5个玉米卷
- 1磅鸡肉
- 1 包炸玉米饼调味料
- 1 杯切碎的洋葱和西红柿
- ¾ 杯水和 1 罐豆泥
- 3 盎司菠菜叶
- ½ 杯莎莎酱

指示：

a) 开始将鸡肉和洋葱切成小块，然后用中火将它们放入中型煎锅中煮 2-3 分钟。

b) 加入菠菜叶、水和调味料，将所有东西煮沸。

c) 在微波炉中加热每个玉米饼，加入鸡肉混合物、一些菠菜叶、西红柿、豆泥、莎莎酱、奶酪和一些调味料。

8. 苹果洋葱鸡肉软炸玉米饼

制作： 4 份

原料：

- 6 面粉玉米饼
- 2 块鸡胸肉（立方体）
- 1汤匙黄油
- 1 瓣大蒜
- ½ 茶匙肉豆蔻粉和黑胡椒粉
- 2 杯苹果片和 1 杯洋葱片
- 4汤匙芒果沙拉
- 1汤匙橄榄油

指示：

a) 用中火加热，将一些黄油放入中型煎锅中。

b) 加入苹果和洋葱，煮至它们变成褐色。取出苹果和洋葱，将切成方块的鸡胸肉煮熟。

c) 转移洋葱和苹果、蒜末和调味料。

d) 在每个玉米饼上放上混合物和一些芒果沙司。

9. 法吉塔鸡肉炸玉米饼

制作：1份

原料：

- 1磅鸡肉
- 3个玉米饼
- ¼罐切达干酪
- 1 茶匙法加它调味料
- ¼罐西红柿
- ¼生菜
- 1汤匙温和的莎莎酱

指示：

a) 煮大块、鸡肉和法加它调味料。

b) 在一个中等大小的平底锅中，加热每个玉米饼，直到它们变脆。

c) 在每个玉米饼上放 1 茶匙莎莎酱，加入鸡肉和其他蔬菜。

10. 嘉年华鸡肉炸玉米饼

制作：10份

原料：

- 1.5 磅鸡胸肉
- ½ 汤匙洋葱和大蒜粉
- 1罐玉米片奶酪汤
- 1 包炸玉米饼调味料
- 6汤匙绿辣椒酱
- 4汤匙莎莎酱

指示：

a) 取一个炖锅，加入鸡胸肉。在一个中型碗中，混合其他成分，然后将它们倒在鸡肉上。

b) 用小火将烹饪时间设置为 6-8 小时。用小刀把鸡肉切碎。

11. 烤鸡肉炸玉米饼

原料：

- ½ 千克鸡大腿，去皮去骨
- 1 个中等大小的洋葱，去皮并切成大块
- 2 瓣大蒜，切碎
- 1 汤匙孜然种子，切碎
- 1汤匙植物油
- 1茶匙盐
- ½ 茶匙黑胡椒
- 8个玉米饼

指示：

a) 将烤架设置为中高温。在一个中等大小的碗中，放入鸡肉、洋葱、大蒜、孜然、盐、胡椒粉和油。

b) 将洋葱和鸡肉每面烤四分钟，或者直到它被轻微烧焦并完全煮熟。

c) 让鸡肉冷却几分钟，然后将其切开，与鳄梨片、烧焦的番茄酱佛得角酱、香菜枝、青柠角和萝卜片一起食用。

12. 软鸡肉玉米卷

品牌：5

原料：

- ½公斤去骨鸡肉，切成细条
- 1 杯莎莎酱
- 25 克炸玉米饼调味料
- 2杯白米饭
- 10个面粉玉米饼
- ¾杯切碎的奶酪
- 玉米粒
- 装饰用切碎的香菜

指示：

a) 在中高温下，在大煎锅中加热一些油。

b) 加入鸡肉，翻炒约 7 分钟或直至鸡肉熟透。

c) 加入 2 杯水、莎莎酱和调味料，将混合物煮沸。

d) 加入米饭，盖上锅盖煮 5 分钟。

e) 将混合物用勺子舀到事先加热过的玉米饼上，然后在上面撒上大量的切达干酪。

f) 根据需要添加一些玉米粒。

g) 用香菜装饰。

13. 烤肉店鸡肉切达玉米卷

品牌：6

原料：

- 3 杯烤鸡，切碎或切碎
- ½ 杯莎莎酱
- 2汤匙蜂蜜
- 1汤匙酸橙
- 2汤匙炸玉米饼调味料
- 盐
- 胡椒
- 6个玉米饼
- 橄榄油
- 切达干酪，切碎

指示：

a) 将除鸡肉和奶酪以外的所有配料搅拌在一起。

b) 将切碎的鸡肉放入微波炉安全容器中，然后搅拌其余混合物。

c) 将此容器放入微波炉中加热 2 分钟，然后取出

d) 出来，搅拌并重复这个过程，直到鸡肉被适当加热。

e) 在煎锅上撒一些油，加热玉米饼，直到它们两面都变成金棕色。

f) 将鸡肉混合物均匀地放在所有玉米饼上。撒上切碎的奶酪，佐以生菜、切碎的樱桃

g) 西红柿、香菜和酸奶油。

14. 布法罗鸡肉炸玉米饼

品牌：3

原料：

- 1杯芹菜（切丁）
- 2 杯烤鸡，切碎
- ½ 杯红热水牛翅酱
- 1汤匙油
- 6个玉米饼
- 1.5 杯墨西哥奶酪（混合）
- 盐

指示：

a) 将切碎的鸡肉放入碗中，淋上水牛酱。搅拌均匀后放入微波炉加热。

b) 将一汤匙油倒在煎锅上，然后使用玉米饼，

c) 均匀地涂抹油。在一侧撒上一些海盐

d) 当你让玉米饼变成金黄色时

e) 过程。

f) 在 30 秒内将每个玉米饼翻过来，在另一面撒上一些奶酪。您也可以使用普通的切达干酪。奶酪融化后，撒上鸡肉和芹菜。

g) 与洒在上面的蓝纹奶酪或一些辣酱一起食用。

15. 吃剩的鸡肉炸玉米饼

品牌：2

原料：

- 2 杯煮熟的鸡丝
- 1 杯番茄酱
- 2汤匙油
- 1 瓣大蒜，压榨
- 500 克黑豆，煮熟并沥干
- ¼茶匙盐
- 4个玉米饼
- 1 个鳄梨，切片

指示：

a) 把鸡皮从鸡身上拉下来，扔掉。

b) 在一个大煎锅中，用中低温加热莎莎酱和鸡肉。

c) 与此同时，在一个中等大小的煎锅中，加热油并煮大蒜和豆类。

d) 加入盐和 ½ 杯水。用勺子的背面压碎豆子，得到奶油状的混合物。远离热源。

e) 加热玉米饼，然后加入鸡肉，然后在上面放上鳄梨、莎莎酱、香菜、青柠角和炸豆泥混合物。

16. 慢炖锅鸡炸玉米饼

原料：

- 2磅鸡胸肉或大腿
- 8 块有机或普通玉米饼
- 1 杯有机或自制莎莎酱
- ½杯水
- 2 茶匙孜然粉
- 2茶匙辣椒粉
- 1茶匙大蒜粉
- 1 茶匙香菜粉
- ¼ 茶匙辣椒粉（越多越热）
- ½ 茶匙海盐
- ¼茶匙黑胡椒

● 浇头：精选新鲜切碎的蔬菜、新鲜香菜、橄榄、鳄梨、新鲜莎莎酱、酸橙角等。

指示：

a) 将鸡块与水、孜然粉、辣椒粉、大蒜粉、香菜粉、辣椒粉、盐和胡椒一起放入慢炖锅中。混合涂在鸡肉上。

b) 在高温下煮 4 到 5 小时。

c) 取出鸡肉并切丝。返回慢炖锅，再煮 30 分钟。

d) 将鸡肉包裹在玉米饼卷中，加入您选择的莎莎酱和配料。

17. 柑橘香草鸡肉炸玉米饼

制作： 12 份炸玉米饼

原料：

炸玉米饼

- 6 鸡大腿，带皮
- 3 块鸡胸肉，带皮
- 2 酸橙、果皮和果汁
- 2 个柠檬、柠檬皮和果汁
- 1 杯混合新鲜香草
- ¼ 杯苦艾酒或干白葡萄酒
- ¼ 杯橄榄油
- 1 茶匙孜然，烤过的
- 1 茶匙香菜，烤
- 1 茶匙大蒜，切碎

装饰理念：

- 精选香菜 青柠角 萝卜火柴
- 生菜切丝（菠菜、卷心菜、黄油或卷心菜）
- 皮科德加洛
- 碎芝士
- 酸奶油
- 腌辣椒

组装

- 12个面粉玉米饼

指示：

炸玉米饼

a) 将所有材料混合，让鸡肉腌至少 4 小时。

b) 烤鸡肉，先将带皮的一面朝下放在烤架上。

c) 当冷却到足以粗略处理剁碎时。

组装炸玉米饼

a) 取两个玉米饼，在每个玉米饼中放入大约 ¼ 或鸡肉，然后在上面放上所需的装饰物。

b) 将黑豆和米饭沙拉与炸玉米饼一起上桌。

18. 奶油鸡肉和鳄梨炸玉米饼

制作：1份

原料：

- 1 盎司成熟的鳄梨
- 2汤匙低脂天然酸奶
- 1茶匙柠檬汁
- 盐和胡椒
- 几片生菜叶切丝
- 1 个红葱或 3 个小葱，修剪并切片。
- 1 番茄切成楔形
- 四分之一胡椒粉，切碎
- 2 炸玉米饼壳
- 2 盎司烤鸡，切片

指示：

a) 在一个小碗里，用叉子将鳄梨捣碎直至变得光滑。加入酸奶和柠檬汁，搅拌直至混合。用盐和胡椒调味。

b) 将生菜、葱或葱、番茄和青椒或红椒混合在一起。

c) 在适度的烤架下加热炸玉米饼壳 2 至 3 分钟。

d) 取出它们并加入沙拉混合物。在上面放上鸡肉，然后用勺子浇上鳄梨酱。立即服务。

19. 橄榄鸡肉玉米卷

制作：1份

原料：

- ⅔ 杯加 2 汤匙。煮熟的鸡胸肉；切碎的
- 1 包 Taco 调味料
- 3 盎司罐装墨西哥风味玉米；排干
- 4 炸玉米饼壳或面粉玉米饼
- ⅓ 杯加 1 汤匙。莴苣;切碎的
- ½ 中号番茄；切碎的
- 1 汤匙加 2 茶匙切片的成熟橄榄
- 1 盎司切碎的切达干酪

指示：

a) 将鸡肉和炸玉米饼调味料混合在平底锅中，中高温加热。

b) 添加包装上指示的水量以进行炸玉米饼馅。煮滚。将热量减少到中等。

c) 炖 5-10 分钟，偶尔搅拌，或直到水蒸发。加入玉米并煮至完全加热。

d) 同时，按照包装上的指示加热炸玉米饼壳或玉米饼。用 ¼ 杯鸡肉馅填充每个壳。

e) 在每个上面放上生菜、西红柿、橄榄和奶酪。

20. 鸡肉辣椒佛得角炸玉米饼

制作： 4 份

原料：

- 3杯切碎的卷心菜
- 1 杯新鲜香菜——轻包装
- 1 杯绿辣椒沙司
- 1磅去骨去皮鸡胸肉
- 1茶匙色拉油
- 1 块去骨去皮鸡胸肉——纵向切碎
- 3 瓣大蒜——切碎
- 1 茶匙孜然粉
- ½ 茶匙干牛至

- 8 面粉玉米饼
- 减少脂肪或定期

指示：

a) 将卷心菜、香菜和莎莎酱混合在一道菜中；搁置。

b) 将鸡肉横向切成 ½ 英寸宽的条状。在 10 到 12 英寸的不粘煎锅中用中高温加热，将油、洋葱和大蒜搅拌 2 分钟。加热到高温，加入鸡肉，经常搅拌，直到肉在中心不再是粉红色，4 到 6 分钟。

c) 加入孜然和牛至；搅拌 15 秒。用勺子舀到盘子里。 3.

d) 用布毛巾包裹玉米饼，然后在微波炉中以全功率烹饪，直到变热，大约 1.5 分钟。在餐桌上，用勺子将卷心菜和鸡肉的混合物倒入玉米饼中。

21. 鸡肉切达烧焦玉米玉米饼

制作：1份

原料：

- ⅔ 杯加 2 汤匙。煮熟的鸡胸肉；切碎的
- 1 包 Taco 调味料
- 3 盎司烧焦的玉米
- 4 炸玉米饼壳或面粉玉米饼
- ⅓ 杯加 1 汤匙。莴苣;切碎的
- ½ 中号番茄；切碎的
- 1 汤匙加 2 茶匙切片的成熟橄榄
- 酸奶油
- 1 盎司切碎的切达干酪

指示：

a) 将鸡肉和炸玉米饼调味料混合在平底锅中，中高温加热。

b) 添加包装上指示的水量以进行炸玉米饼馅。煮滚。

c) 将热量减少到中等。炖 5-10 分钟，偶尔搅拌，或直到水蒸发。

d) 加入玉米并煮至完全加热。

e) 同时，按照包装上的指示加热炸玉米饼壳或玉米饼。用 ¼ 杯鸡肉馅填充每个壳。

f) 在每个上面放上生菜、西红柿、橄榄和奶酪。

g) 在上面淋上酸奶油。

22. 鸡肉炸玉米饼配米饭和雪利酒

制作：6份

原料：

- 2磅鸡肉部分
- ¼ 杯面粉
- 2茶匙盐
- ¼茶匙胡椒粉
- 1 杯洋葱，切碎
- ¼ 杯 黄油
- 2 汤匙伍斯特沙司
- ¼茶匙大蒜粉
- 1杯辣椒酱
- 1.5 杯鸡汤

- 3 杯热米饭，煮熟
- ½ 杯干雪利酒

指示：

a) 将鸡肉卷入面粉、盐和胡椒粉中。

b) 人造黄油中的棕色。

c) 将鸡推到一侧。

d) 加入洋葱，炒至透明。

e) 搅拌除米饭以外的其余成分。煮沸，盖上盖子并减少热量，然后文火煮 35 分钟。

f) 将鸡肉和酱汁放在松软的米饭上。

23. 烤鸡和红辣椒炸玉米饼

品牌：6 份

原料：

- 1.5 磅无骨去皮鸡肉 b
- 2 个红甜椒烤小便
- 2 茎芹菜，洗净并切片
- 1 颗红洋葱，去皮切碎
- ½ 杯煮熟的黑豆
- ¼ 杯切碎的香菜叶
- ¼ 杯香醋
- ¼杯油
- ¼ 杯橙汁
- ¼ 杯酸橙汁

- 2 瓣大蒜，去皮和 mi
- 1 茶匙香菜籽
- ½ 茶匙 胡椒粉
- ½ 茶匙 盐
- ¼ 杯酸奶油或脱脂酸奶
- 6（8 英寸）面粉玉米饼

指示：

a) 点燃烤架或预热肉鸡。将鸡胸肉捣成均匀的厚度，然后将两面烤或烤至熟透，但不要变干，单面约 4 分钟。这使得：同时烤辣椒很有意义。切片，待用。

b) 将甜椒、芹菜、洋葱、黑豆和香菜放入搅拌碗中。混合醋、油、橙汁、酸橙汁、大蒜、香菜、胡椒粉。将盐和酸奶油或酸奶混合在一个带有紧密盖子的罐子里。摇匀，然后将调料倒在蔬菜上。

c) 将蔬菜在室温下腌制 1 小时。将一个大平底锅放在中火上，将玉米饼一边烤 30 秒使其变软。上桌时，将鸡肉分成玉米饼，将其放在玉米饼的中央。

d) 把蔬菜和它们的调料分开放在鸡肉上，然后把玉米饼卷成一个圆筒。

e) 立即上菜；盘子应该在室温下。

牛肉和羊肉

24. 牛肉炸玉米饼

制作：8份

原料：

- ½ 磅 瘦碎牛肉
- 8个全麦玉米饼
- 1 包炸玉米饼调味料
- 切碎的生菜和 2 个大西红柿
- ¾杯水
- 2 杯切碎的切达干酪

指示：

a) 在一个中等大小的平底锅中加入一些水、碎牛肉和炸玉米饼调味料，然后将所有东西煮沸。

b)　根据包装说明将炸玉米饼两面加热，然后在上面放上肉、蔬菜和酱汁。

25. 牛肉野蘑菇、牛排和 Poblano 炸玉米饼

制作：6份

原料：

- 1汤匙橄榄油
- 12个玉米饼
- 1磅牛排
- 12 汤匙莎莎酱和 ½ 茶匙香菜
- ½ 茶匙盐和黑胡椒
- 2 杯生洋葱和 1 杯蒜末
- ¾ 杯墨西哥奶酪
- 1 波布拉诺辣椒
- 2 杯野生蘑菇

指示：

a) 开始将牛排牛肉放入涂有油的中型平底锅中，加入盐和胡椒调味料。两面煎5分钟后，取出牛排放在一边。

b) 将剩余的材料加入锅中，炒 5 分钟。

c) 端上热玉米饼，上面撒上蘑菇混合物、切片牛排肉、莎莎酱和切碎的墨西哥奶酪。

26. 低脂牛肉豆玉米饼

制作： 4 份

原料：

- 1磅碎牛肉
- 豆泥
- 8 个炸玉米饼壳和炸玉米饼调味料
- 1个甜洋葱
- 莎莎酱
- 切达干酪丝
- 1 片鳄梨
- 酸奶油

指示：

a) 开始将牛肉放入油锅中煮熟，加入豆类和调味料。

b) 将炸玉米饼放在盘子里，加入肉混合物、莎莎酱、酸奶油、鳄梨片和切达干酪丝。

27. 牛肉切达炸玉米饼

品牌： 16 份

原料：

- 1.5 磅瘦牛肉
- 8个完整的玉米饼
- 1 包炸玉米饼调味料
- 1 罐莎莎酱
- 2 杯磨碎的切达干酪

指示：

a) 在涂了油的煎锅中，将碎牛肉慢慢煎成褐色，加入莎莎酱并搅拌均匀，然后沥干肉。

b) 加热每个玉米饼，加入肉混合物、调味料，加入一些莎莎酱和切达干酪。

28. 烧烤牛肉炸玉米饼

制作：8份

原料：

- 1磅瘦牛肉（或火鸡）
- ½ 杯墨西哥奶酪丝
- 1 片洋葱和红辣椒
- 8个全麦玉米饼
- ½ 杯烧烤酱
- 1 个番茄丁

指示：

a) 开始在中油煎锅中煮牛肉、洋葱和辣椒，直到熟透，偶尔搅拌。

b) 加入酱汁，将所有东西煮 2 分钟。

c) 上菜前，将肉混合物倒在每个玉米饼上，并在上面撒上奶酪和西红柿。

29. 炸玉米饼

制作：20份

原料：

- 4磅牛肉
- ¼ 杯苹果醋
- 20个玉米饼
- 3汤匙酸橙汁
- ¾杯鸡汤
- 3-5罐墨西哥辣椒
- 2 汤匙植物油和 3 片月桂叶
- 4 瓣大蒜和孜然
- 3茶匙墨西哥牛至

- 1.5 茶匙盐和黑胡椒粉
- ½ 茶匙丁香粉
- 洋葱、香菜和酸橙块（切碎）

指示：

a) 将酸橙汁、蒜瓣、苹果醋和其他调味料混合到一个中等大小的碗中，直到它们变得像糊状一样光滑。

b) 将肉放入涂了油的煎锅中，两面煎 5 分钟。把碗里的混合物加到肉上，继续搅拌均匀。

c) 再过 10 分钟后，当配料正在沸腾时，将混合物加入预热的烤箱中。煮约4-5小时。

d) 将玉米饼与烤箱混合物、洋葱、香菜、酸橙角和其他调味料一起上桌。

30. 香脆鹿肉炸玉米饼

制作：7份

原料：

- 1磅鹿肉
- 21个炸玉米饼壳
- 2 汤匙炸玉米饼酱
- 1罐塔可钟再炸豆
- 1-2 杯切碎的生菜
- 1 茶匙辣椒调味料
- 1.5 杯切碎的奶酪

指示：

a) 开始将烤箱加热到 325 摄氏度，然后将磨碎的鹿肉放入一个中等大小的煎锅中，直到它变成细褐色。

b) 加入 2 汤匙酱汁、调味料和重新炸过的豆子，煮至热透。

c) 同时，将每个玉米饼放入烤箱加热几分钟，然后与生菜、酱汁、肉混合物和一些切碎的奶酪混合。

31. Carne Asada 牛排炸玉米饼

品牌： 12 份

原料：

- 2磅侧翼牛排
- 1汤匙肉类调味料
- 1 个酸橙汁和 1 茶匙孜然
- ½ 茶匙盐和胡椒粉
- 2 汤匙蒜末和 1 滴辣椒粉
- ½ 茶匙辣椒粉
- 2汤匙新鲜香菜

指示：

a) 如果需要，切掉肉中的脂肪，然后将其与酸橙、2 汤匙水、调味料一起放入一个大袋子中，然后放入冰箱中，这样所有的东西都会很好地包裹起来。

b) 取出肉，每面烤 5 分钟。开始准备玉米饼，加入蔬菜、烤肉和一些调味料。

32. 鹰嘴豆绉炸玉米饼配小牛肉和茄子

品牌：4

原料：

- 2 ¼ 杯鹰嘴豆粉
- ¼ 杯原味酸奶
- 2.5 茶匙盐（分次使用）
- 3.5 汤匙橄榄油
- ¼ 公斤小牛肉（磨碎）
- 1.5 茶匙孜然（磨碎）
- ¼ 茶匙红辣椒片（压碎）
- 1 磅茄子，切成 1 英寸大小的方块
- 3 瓣大蒜（切成薄片）
- ¼杯葡萄干（金色）

- ¼杯红酒
- 15 盎司西红柿（切丁）
- ¼ 杯松子（烤）

指示：

a) 在一个中等大小的碗中，将鹰嘴豆粉与酸奶、1 ¼ 茶匙盐和水（2 杯和 1 汤匙）一起搅拌，然后放在一边。

b) 在中高火焰上，在一个大煎锅中，加热 1 汤匙油。将小牛肉、红辣椒、孜然和 ¼ 茶匙盐加入煎锅中，以煮小牛肉。

c) 确保经常将小牛肉掰碎并搅拌，这样它就不会结块。当小牛肉开始变成褐色时，（大约 4 分钟后）将肉和香料从煎锅中取出，放入一个中等大小的碗中。

d) 在煎锅上加热 2 汤匙油，然后加入茄子和剩余的盐。将茄子煮 5 分钟或直到它从四面八方变成棕色。

e) 现在加入大蒜，不时搅拌，直到它变成浅棕色。

f) 加入葡萄干和葡萄酒来煮混合物。记住要持续搅拌一分钟，这样混合物就会均匀受热。

g) 加入切丁的西红柿（带汁）、羊肉混合物、松子和 ¼

h) 杯水。搅拌并将热量降低至中火，使混合物

i) 可以炖。不时搅拌。大约 15 分钟后，随着大部分汁液蒸发，关闭火焰。

j) 将剩余的油倒入 8 英寸不粘锅中，用纸巾擦拭，只在煎锅上留下一层油，然后将其加热至中高温。

k) 搅拌面粉混合物，将大约三分之一杯倒入煎锅中。

l) 旋转使面糊完全覆盖平底锅，制作可丽饼，将两面都煮至焦黄。从煎锅中取出可丽饼，然后用剩下的面糊重复这个过程。

m) 用勺子把羊肉馅舀到薄煎饼上。

n) 与绿色蔬菜、酸奶和柠檬角一起食用。

33. 牛排炸玉米饼和萨尔萨

品牌：4

原料：

- 2汤匙橄榄油，被分割的
- ½ 千克侧腹牛排
- 盐
- 黑胡椒
- ½ 杯香菜叶
- 4 个萝卜，修剪并切碎
- 2 个葱，切成薄片
- ½ 墨西哥胡椒，去籽并切碎
- 2汤匙酸橙汁
- 8个玉米饼

指示：

a) 用盐和胡椒给牛排调味，然后在平底锅中用大火煮每一面。

b) 将橄榄油倒入煎锅中，每面煎约 5-8 分钟。让它再休息五分钟。

c) 将香菜切碎一半，与小萝卜、墨西哥胡椒、洋葱、酸橙汁和 1 汤匙橄榄油一起搅拌。用盐、胡椒和莎莎酱调味。

d) 将牛排切成薄片，与一部分蔬菜混合物一起放在每个玉米饼上。

e) 与奎索壁画奶酪和其余的香菜一起食用。

34. 碎牛肉炸玉米饼

品牌：4

原料：

- 8个玉米饼
- 750 克碎牛肉
- 4 汤匙炸玉米饼调味料
- 1 杯卷心生菜，切碎
- 1 杯葡萄番茄，减半
- ½ 红洋葱，切碎
- 1 个鳄梨，切片

指示：

a) 在平底锅中，将碎牛肉和炸玉米饼调味料一起煮熟，

b) 中火约7分钟，这样肉就熟了

c) 通过。排干以去除过多的油脂。

d) 加热玉米饼，用等份的牛肉混合物和生菜、西红柿、洋葱和鳄梨混合。与青柠角一起食用。

35. Pan Tacos 配碎牛肉和白米饭

品牌：4

原料：

- ½ 公斤 牛肉
- 1茶匙孜然
- 1汤匙辣椒粉
- 2杯白米饭
- 1 杯奶酪，切碎
- 2杯水
- 8个小麦玉米饼
- 盐

指示：

a) 将肉在大平底锅中煎约 10 分钟。排水至

b) 去除任何油脂。

c) 加入香料，搅拌 30 秒，然后加水。确保它处于高温状态，这样它会很快沸腾。拌入米饭和奶酪。盖上盖子，用中火慢炖 5 分钟。

d) 根据需要排干，以去除多余的油和水。

e) 通过在每个玉米饼上放置等份来组装，加入切碎的生菜和切碎的西红柿即可食用。

36. 吃剩的汉堡包炸玉米饼

品牌：4

原料：

- 250克汉堡包
- 1杯水
- 1 包炸玉米饼调味料
- 8个玉米饼

指示：

a) 将汉堡包（或替代品）放入平底锅中，用中火加热直至变成褐色，然后加热。

b) 加入炸玉米饼调味料和水，煮 5 分钟即可食用。

c) 当肉彻底煮熟后，用肉和西红柿、洋葱和生菜等切丁的蔬菜组装炸玉米饼。与酸橙角和切碎的奶酪一起食用。

37. 水牛式牛肉炸玉米饼

制作： 4 份

原料：

- 1 磅碎牛肉（95% 瘦肉）
- ¼杯布法罗鸡翅辣椒酱
- 8个炸玉米饼壳
- 1 杯切成薄片的生菜
- ¼ 杯减脂或常规准备好的蓝纹奶酪酱
- ½ 杯切碎的胡萝卜
- ⅓杯切碎的芹菜
- 2汤匙切碎的新鲜香菜
- 胡萝卜和芹菜条或香菜小枝

指示：

a) 用中火加热大的不粘锅，直到变热。

b) 加入碎牛肉；煮 8 到 10 分钟，分成小块并偶尔搅拌。用漏勺从煎锅中取出；倒出水滴。

c) 回到煎锅；拌入辣椒酱。煮熟并搅拌 1 分钟或直至加热。

d) 同时，根据包装说明加热炸玉米饼壳。

e) 将牛肉混合物均匀地倒入炸玉米饼壳中。加入生菜；淋上敷料。

f) 均匀地撒上胡萝卜、芹菜和香菜。如果需要，用胡萝卜和芹菜条或香菜枝装饰。

38. 牛肉玉米卷卷

制作： 4 份

原料：

- ¾ 磅熟食烤牛肉薄片
- ½ 杯脱脂黑豆蘸酱
- 4 个大（直径约 10 英寸）面粉玉米饼
- 1 杯切成薄片的生菜
- ¾ 杯切碎的番茄
- 1 杯（4 盎司）切碎的低脂炸玉米饼调味奶酪
- 萨尔萨舞

指示：

a) 将黑豆酱均匀地涂在每个玉米饼的一侧。在豆酱上铺上熟食烤牛肉，在边缘周围留下 ½ 英寸的边框。

b) 在每个玉米饼上撒上等量的生菜、番茄和奶酪。

c) 将左右两侧折叠到中心，重叠边缘。将玉米饼的底部边缘向上折叠到馅料上并卷起来。

d) 将每卷切成两半。如果需要，可与莎莎酱一起食用。

39. Carnitas 风格烤牛肉炸玉米饼

制作：6份

原料：

- 4 块扁铁牛排（每块约 8 盎司）
- 18 个小玉米饼（直径 6 至 7 英寸）

配料：

- 切碎的白洋葱、切碎的新鲜香菜、青柠角

腌料：

- 1 杯准备好的番茄酱
- ⅓ 杯切碎的新鲜香菜
- 2汤匙新鲜酸橙汁
- 2 茶匙蒜末

- ½ 茶匙盐
- ¼茶匙胡椒粉
- 1-½ 杯准备好的番茄酱
- 1 个大鳄梨，切丁
- ⅔杯切碎的新鲜香菜
- ½ 杯切碎的白洋葱
- 1汤匙新鲜酸橙汁
- 1茶匙蒜末
- ½ 茶匙盐

指示：

a) 在小碗中混合腌料。将牛排和腌料放入食品安全塑料袋中；把牛排涂上。安全地关闭袋子并在冰箱中腌制 15 分钟至 2 小时。

b) 从腌料中取出牛排；丢弃腌料。将牛排放在网格上，放在中等覆盖灰烬的煤上。烧烤，覆盖，10 到 14 分钟，半熟（145°F）到中等（160°F）熟度，偶尔转动。

c) 同时将鳄梨莎莎配料混合在中等大小的碗中。搁置。

d) 将玉米饼放在网格上。烤至温暖并略微烧焦。消除;保持温暖。

e) 将牛排切成薄片。与鳄梨沙司一起放入玉米饼中。根据需要在上面撒上洋葱、香菜和青柠角。

40. 小塔可牛肉馅饼

制作：30个小馅饼

原料：

- 12 盎司碎牛肉（95% 瘦肉）
- ½ 杯切碎的洋葱
- 1 瓣大蒜，切碎
- ½ 杯准备好的温和或中等炸玉米饼酱
- ½ 茶匙孜然粉
- ¼茶匙盐
- ⅛茶匙胡椒粉
- 30 个千叶贝壳
- ½ 杯切碎的低脂墨西哥奶酪混合物

● 配料：生菜丝、葡萄片或圣女果片、鳄梨酱、低脂酸奶油、成熟橄榄片

指示：

a) 将烤箱加热至 350°F。用中火加热大的不粘锅， 直到变热。

b) 将碎牛肉、洋葱和大蒜放入大的不粘锅中， 中火加热 8 至 10 分钟， 将牛肉切成小块并偶尔搅拌。如有必要， 倒掉水滴。

c) 加入炸玉米饼酱、孜然、盐和胡椒粉；煮熟并搅拌 1 至 2 分钟， 或直到混合物被加热。

d) 将千叶壳放在有边的烤盘上。用勺子将牛肉混合物均匀地倒入贝壳中。均匀地撒上奶酪。烘烤 9 到 10 分钟， 或者直到贝壳变脆并且奶酪融化。

e) 根据需要将生菜、西红柿、鳄梨酱、酸奶油和橄榄作为顶级馅饼。

41. 一锅奶酪玉米卷煎锅

制作：30个小馅饼

原料：

- 1磅瘦碎牛肉
- 1 个大黄洋葱，切丁
- 2 个中号西葫芦，切丁
- 1 个黄色甜椒，切丁
- 1 包炸玉米饼调味料
- 1 罐西红柿丁配青辣椒
- 1.5 杯切碎的切达干酪或蒙特利杰克干酪
- 装饰用葱
- 生菜、大米、面粉或玉米饼供食用

指示：

a) 用中火加热大的不粘锅，直到变热。加入碎牛肉、洋葱、西葫芦和黄胡椒；煮 8 到 10 分钟，分成小块并偶尔搅拌。如果需要，倒掉水滴。

b) 加入炸玉米饼调味料、¾ 杯水和西红柿丁。把火调小，用文火炖 7 到 10 分钟。

c) 上面放上切碎的奶酪和大葱。不要搅拌。

d) 奶酪融化后，放在生菜、米饭或面粉或玉米饼中食用！

42. 裙子牛排街炸玉米饼

制作： 6 个炸玉米饼

原料：

- 1 块裙子牛排，切成 4 到 6 英寸的部分，切成细条
- 12 个六英寸玉米饼
- ½ 茶匙盐
- ¼ 茶匙辣椒粉
- ½ 茶匙大蒜粉
- ½ 茶匙蒜末
- 1茶匙油
- 1 杯洋葱丁
- ½ 杯香菜叶，大致切碎

- 2 杯切成薄片的红卷心菜
- 香菜酸橙调味汁：
- ¾ 杯香菜叶
- 2个酸橙汁
- ⅓杯橄榄油
- 4 茶匙蒜末
- ¼杯白醋
- 4茶匙糖
- ¼杯牛奶
- ½ 杯酸奶油

指示：

a) 用中火加热油。用盐、辣椒粉和大蒜粉调味牛排片。将牛排加入平底锅中，炒至熟透（8 至 10 分钟）。加入大蒜，再炒 1 到 2 分钟，直到大蒜散发出香味。从火上移开，将牛排切丁。

b) 将调味汁的所有原料搅拌在一起。将混合物添加到搅拌机中并脉冲直至光滑，大约 1 到 2 分钟。

c) 用牛排、洋葱、切碎的香菜和卷心菜填满热玉米饼（每个玉米卷使用两个）。淋上香醋即可食用。

43. 波多黎各炸玉米饼

原料：

- 玉米卷壳
- 奶酪
- 煮熟的碎牛肉
- 甜黄芭蕉A（煮熟切块）

指示：

a) 在你的玉米饼里放两大勺碎牛肉。

b) 在玉米饼中加入两片车前草。

c) 在上面放一点奶酪，就可以吃了！

d) 享受！

44. 多肉玉米卷砂锅

原料：

- 1 磅碎牛肉
- 1 个洋葱，切碎
- 1（10 盎司）罐装玉米卷饼酱或莎莎酱
- 1 罐（8 盎司）番茄酱
- 1 罐（15 盎司）黑豆，冲洗并沥干
- 1杯冷冻玉米
- 1（8-10 个）罐装低脂冰箱饼干
- 1 杯切碎的低脂墨西哥混合奶酪
- ⅓杯切碎的葱

指示：

a) 将烤箱预热至 350°F。

b) 在 13 x 9 x 2 英寸烤盘上涂上不粘烹饪喷雾。

c) 在一个大的不粘锅里，把肉和洋葱煮熟；排出多余的脂肪。

d) 将辣酱或莎莎酱、番茄酱、黑豆和玉米混合，搅拌均匀。将饼干撕成四份。

e) 将蔬菜混合物搅拌到肉混合物中，然后将其转移到烤盘中。最后加入饼干块。

f) 烘烤 25 分钟。将其从烤箱中取出，撒上奶酪和大葱。将烤盘放回烤箱，再烤 5-7 分钟，或直到奶酪融化。

45. 牛肉香菜玉米卷

原料：

- 1 包软玉米或小麦玉米饼
- 2汤匙辣椒粉
- 1汤匙孜然粉
- ½ 茶匙辣椒粉
- 2 茶匙粗盐
- 2汤匙植物油
- 1 个大白洋葱，切碎
- 16 盎司碎牛肉
- 2 瓣大蒜，切碎
- ⅔杯牛肉汤
- 墨西哥混合奶酪丝，品尝
- 全天然酸奶油，品尝

- 1 个大番茄，去籽，切碎
- ¼ 杯新鲜香菜叶，切碎

指示：

a) 将辣椒粉、小茴香、辣椒粉和盐混合在一个小罐子里，摇匀。搁置。在一个大的铸铁煎锅中用中高温加热油。

b) 当油闪烁时，将一半切碎的洋葱炒至半透明并开始变成褐色，大约需要 3 到 4 分钟。

c) 加入碎牛肉和大蒜，煮至焦黄，大约 3 到 4 分钟。加入一罐混合香料和牛肉汤。搅拌结合。

d) 用文火煮至浓稠，大约 2 到 3 分钟。

e) 一旦酱汁变稠，把火关小。

f) 混合保留切碎的洋葱，切碎的番茄和切碎的香菜。放在小碗里。

g) 通过将少量奶酪放在玉米饼的中心来组装炸玉米饼，然后加入一些热肉/酱汁混合物以融化奶酪。

h) 上面放上洋葱-番茄-香菜混合物和一团酸奶油。卷起来享受吧！

46. 番茄汤牛肉炸玉米饼

品牌：24 份

原料：

- 2磅碎牛肉
- ½ 杯切碎的青椒
- 1罐牛肉汤
- 1罐番茄汤
- 2汤匙切碎的樱桃辣椒
- 24 炸玉米饼壳
- 1切碎的切达干酪
- 1 切碎的蒙特雷杰克
- 1 切碎的洋葱
- 1 切碎的生菜
- 1 西红柿丁

指示：

a) 在煎锅中， 将棕色牛肉和青椒煮至变软；搅拌以分离肉。

b) 加入汤和樱桃辣椒。小火煮5分钟；偶尔搅拌。

c) 用 3-4 汤匙肉混合物填充每个炸玉米饼壳；在每个上面放上剩余的成分。

47. 烤羊肉配软炸玉米饼

制作：1份

原料：

- 1 磅去骨去骨羊腿；或沙朗牛排
- 3 瓣大蒜；捣碎
- 1½ 英寸片鲜姜；去皮切碎
- ½ 杯温和的墨西哥胡椒果冻或果酱
- 4 面粉玉米饼
- 装饰用莎莎酱

指示：

a) 将羊肉切成 ½ 英寸的薄片；搁置。将大蒜、生姜和果冻混合。

b) 将生姜混合物涂在每片羊肉上。

c) 同时，将户外烤架、炉灶烤架或重度调味煎锅预热至中高温。

d) 做饭时，将羊肉片分开，放在烤架上或平底锅里；每边烤两到三分钟，直到半熟。

e) 同时，将玉米饼放入塑料袋中，放入微波炉中加热一分钟，或在炉子上短暂加热。

f) 将馅料分给玉米饼，然后将每个玉米饼包裹在馅料周围。如果需要，可搭配一碗莎莎酱食用。

猪肉

48. 烤猪肉炸玉米饼和木瓜沙拉

品牌：5 份

原料：

- 1 个木瓜；去皮、去籽、切成 ½ 英寸的方块
- 1个小红辣椒；去籽切碎
- ½杯红洋葱；切碎的
- ½ 杯红甜椒；切碎的
- ½ 杯新鲜薄荷叶；切碎的
- 2 汤匙酸橙汁
- ¼磅猪肉无骨中心腰肉烤；切成条状
- ½杯新鲜木瓜；切碎的
- ½ 杯新鲜菠萝；切碎的
- 10 个面粉玉米饼，加热

- 1.5 杯蒙特雷杰克奶酪；切碎（6 盎司）
- 2汤匙人造黄油或黄油；融化了

指示：

a) 在 10 英寸的平底锅中用中火煮猪肉约 10 分钟，偶尔搅拌，直到不再呈粉红色；流走。

b) 加入木瓜和菠萝。加热，偶尔搅拌，直到变热。将烤箱加热至 425F。

c) 将大约 ¼ 杯猪肉混合物倒入每个玉米饼的一半；在上面放上大约 2 汤匙的奶酪。

d) 将玉米饼折叠在馅料上。将五个填满的玉米饼放在未抹油的果冻卷盘中，15 ½x10 ½x1 英寸；刷上融化的人造黄油。

e) 烘烤约 10 分钟或直到浅金黄色。对剩余的炸玉米饼重复上述步骤。与木瓜沙拉一起食用。

49. 肉丝炸玉米饼

品牌： 12 份

原料：

- ½ 磅 烤猪肉
- 12 软自制炸玉米饼
- 1 杯切好的洋葱
- ½ 杯切碎的西红柿和 1 个鳄梨
- 1罐西红柿和2-3个墨西哥辣椒
- ½ 杯酸奶油酱
- 1 条凤尾鱼辣椒和 1 杯水
- 1 杯切碎的生菜
- ½茶匙盐和胡椒
- 1 杯切碎的切达干酪

指示：

a) 取一个大平底锅，加入切碎的猪肉、蔬菜、水和调味料，不时搅拌煮 20 分钟。将蔬菜和鸡肉从烹调液中取出，切成小块。

b) 将自制的玉米饼与生菜、猪肉、蔬菜、酸奶油酱、切碎的奶酪、西红柿丁和鳄梨组装在一起。

50. 猪肉鸡蛋玉米卷

使：5-6

原料：

- 10个玉米饼
- 全熟猪肉香肠（1包）
- 3个鸡蛋
- ½ 杯切达干酪，大致切碎
- 1 个鳄梨，切片
- 盐
- 胡椒

指示：

a) 用盐和胡椒搅打鸡蛋，然后用大火煮。

b) 确保两面各煮一分钟左右。

c) 根据包装菜单上的说明加热香肠。

d) 你也可以用香肠代替你家里的任何其他蛋白质食物，包括剩下的肉、鸡肉或蔬菜。

e) 取出鸡蛋并加热玉米饼。关掉暖气，简单地使用仍然很热的腰带的热量来做。

f) 根据玉米饼的数量将鸡蛋切片，然后放入一块鸡蛋、香肠、鳄梨、奶酪和您喜欢的装饰。您还可以添加培根和薯饼。

g) 与酸橙和莎莎酱一起食用。

51. 猪肉肉卷炸玉米饼

品牌：8

原料：

- 1.5 千克猪肩肉，切成 1.5 英寸的块
- ½公斤五花肉，切成小块
- 1 杯鸡汤
- 1汤匙盐
- 1茶匙黑胡椒
- 8个玉米饼

指示：

a) 将猪肩肉、五花肉、盐和胡椒放入大锅中煮沸。煨

b) 至少两个小时，或者直到猪肉变软，可以轻松切碎。

c) 在取出锅之前减少液体十分钟。

d) 将一半煮熟的猪肉（和汁）放入一个大煎锅中，用高火煮，直到猪肉开始在其自身的脂肪中发出嘶嘶声。一旦猪肉开始变黄变脆，就从煎锅中取出。对剩下的猪肉重复这个过程。

e) 将猪肉放入玉米饼中，饰以您选择的蔬菜，如鳄梨片、卷心菜丝、洋葱、西葫芦、甜椒、酸橙和酱汁。

52. 炸玉米饼卡车炸玉米饼

制作： 4 份

原料：

- 1.5 磅猪肩肉（切丝）
- 2 酸橙
- 12个玉米饼
- 1束香菜
- ½ 杯切碎的洋葱
- 萝卜、鳄梨和新鲜西红柿

指示：

a) 放入一个中等大小的平底锅中，开始将之前用孜然、盐和胡椒调味的肉变成褐色。

b) 完成后，将玉米饼两面加热，然后在上面放上肉、洋葱、鳄梨、西红柿和一些酸橙汁。

53. 烤基尔巴萨炸玉米饼

品牌：4

原料：

- 1 个红洋葱（切成 4 块）
- 2 个甜椒（红色，纵向切开。去籽）
- 1 束大葱
- 3汤匙橄榄油
- 盐
- 胡椒
- ⅓杯酸橙汁
- 750 克 kielbasa 香肠，垂直切半
- 8个玉米饼

- 香菜

指示：

a) 将洋葱、甜椒和大葱连同油一起放在已设置为中高温的烤架上。

b) 用盐和胡椒调味， 然后烧烤， 直到蔬菜看起来有点烧焦。

c) 不过记得2分钟后把葱拿掉！

d) 把它们从火上拿下来让它冷却。

e) 将洋葱切成 1 英寸长的楔形， 然后拌入酸橙汁。同样， 去掉甜椒的皮， 将它们切成 1 英寸长的楔形， 放在一个单独的碗中。大葱应该放在不同的盘子里。

f) 将香肠各烤约 5 分钟， 然后将它们与葱一起放入。

g) 烤玉米饼， 让它看起来有点烧焦。

h) 将所有配料堆入每个玉米饼中， 与辣酱和新鲜酸橙一起食用。

54. 皮卡迪罗炸玉米饼

制作：1份

原料：

- ½ 杯葡萄干
- ¼ 杯龙舌兰酒
- ½磅散装猪肉香肠
- ½ 磅碎牛肉
- 1 个中等大小的洋葱，切碎
- 3 瓣大蒜，切碎
- 1 罐（14 ½ 盎司）整个西红柿，切碎，不排水
- 1 罐（4 盎司）青辣椒丁，沥干
- 2汤匙糖

- 1 茶匙肉桂粉
- ¼ 茶匙孜然粉
- 1 破折号地面丁香
- 12 个 7 英寸面粉玉米饼
- ⅓ 杯山核桃，切碎
- 生菜丝，可选择的

指示：

a) 在一个小平底锅里，混合葡萄干和龙舌兰酒。煮沸；远离热源。静置 5 分钟。

b) 馅料：在一个大煎锅中用中火煮香肠、牛肉、洋葱和大蒜，直到肉变成棕色。排出脂肪。加入不沥干的葡萄干、不沥干的西红柿、青辣椒、糖、肉桂、小茴香和丁香。

c) 煮沸；减少热量。用文火炖约 30 分钟，或直至大部分液体蒸发。

d) 同时，用箔纸包裹玉米饼。在 350 度烤箱中加热 10 分钟或直至变暖。将山核桃搅拌成肉混合物。

e) 上桌时，在热玉米饼上放上生菜，然后填馅。折叠或卷起。

55. 加州风格的猪肉炸玉米饼

制作：6份

原料：

- 2磅猪里脊肉
- 6 大葱
- 12 小块新鲜玉米饼
- 1束香菜；去除大茎
- 鳄梨
- 1 杯酸奶油
- 1 杯辣红萨尔萨
- 1 杯绿色智利莎莎酱

腌料

- ½ 杯鲜榨橙汁

- 2汤匙鲜榨酸橙汁
- 1 茶匙切碎的新鲜牛至
- ¼ 茶匙孜然
- ½ 茶匙马郁兰
- ½ 茶匙 盐
- ¼ 茶匙精细研磨的黑胡椒

指示：

a) 将腌料成分混合在一个中等大小的碗中。

b) 搅拌直至混合。将猪肉放在一个浅的非铝盘中，然后将腌料倒在上面。腌制6至12小时，冷藏。

c) 切开洋葱的绿色部分，一直切开 2 个切口，直到白色部分开始的地方。这将使洋葱呈扇形。

d) 烤箱预热到350度。用中高温预热烤盘。将猪肉每面烤 15 到 20 分钟，或直到内部温度达到 160 度。

e) 在洋葱上涂上腌料，每面烤约 3 分钟。从烤架上取下肉和洋葱，将肉切成小块，备用。

f) 用铝箔包裹玉米饼并在烤箱中加热约 10 分钟。

g) 准备盘子时保持温暖。在单个盘子的外边缘，放几根香菜、一大块鳄梨酱和一大块酸奶油。

h) 在每个盘子的边上放 2 个热玉米饼，中间放上肉和烤大葱。

i) 将辛辣的红色和绿色智利沙拉放入不同的碗中。

j) 立即服务。

鱼和海鲜

56. 蜂蜜香菜虾软炸玉米饼

制作： 4 份

原料：

- 8个玉米饼
- 1茶匙植物油
- ½汤匙盐和胡椒
- 1 个大洋葱和 1 个墨西哥胡椒
- 3 个甜椒
- 2 茶匙香菜和小茴香
- 2-4 瓣大蒜
- 4 汤匙新鲜香菜和蜂蜜
- 1.5 磅鸡尾酒虾

指示：

a) 将虾、墨西哥胡椒、洋葱、甜椒、调味料和大蒜放入中等大小的煎锅中煮熟，直至变软。

b) 在一个玻璃碗中，将新鲜香菜和蜂蜜混合，直至形成光滑的混合物。

c) 将混合物浇在每个玉米饼上；加入虾和一些莎莎酱。

57. 巴哈鱼炸玉米饼

制作： 4 份

原料：

- 1.5 磅解冻的新鲜罗非鱼片
- 4个中号全麦玉米饼
- 1汤匙新鲜香菜
- 1 个洋葱、鳄梨和番茄（均切碎）
- 2茶匙炸玉米饼调味料
- 2 杯卷心菜沙拉
- 1个柠檬（汁）

指示：

a) 将蔬菜切碎，将卷心菜切成小块。

b) 用炸玉米饼调味料调味罗非鱼片后，将它们放入涂了油的不粘锅中煮 5-6 分钟。

c) 慢慢地把鱼两面都煮熟，然后加入一些洋葱、柠檬汁和西红柿。

d) 在微波炉中将每个玉米饼加热 1 分钟，然后加入鱼片、蔬菜、卷心菜、香菜和莎莎酱。

58. 虾肉墨西哥卷

制作：5份

原料：

- 1磅去皮虾
- 10个玉米饼
- ½ 杯酸奶油
- 1 汤匙调味料和 1 个墨西哥辣椒
- 2 颗青柠（榨汁）
- ½ 杯切碎的紫甘蓝
- 2汤匙初榨橄榄油

指示：

a) 将墨西哥辣椒、一半的酸橙汁和酸奶油混合到一个小碗中，直到形成光滑的糊状物。

b) 放入预热的煎锅中，用一些调味料煮去皮的虾。

c) 将每个炸玉米饼加热，然后在上面撒上切碎的卷心菜、辣椒奶油、炸虾和酱汁。

59. 鱼玉米卷配香菜沙拉和墨西哥辣椒蛋黄酱

制作： 4 份

原料：

- 1 磅罗非鱼鱼片
- 4个面粉玉米饼
- ½ 杯新鲜酸橙汁
- 2 杯 3 色混合凉拌卷心菜
- ¼ 杯蛋黄酱
- 1 根辣椒，浸泡在阿斗波酱中
- 1 杯切碎的新鲜香菜叶
- 1 个鳄梨和 1 个番茄丁
- 1 汤匙阿多波辣椒酱
- ¼ 茶匙盐和辣椒粉

- 盐和黑胡椒粉

指示：

a) 将酸橙汁倒在每条罗非鱼片上，然后放入冰箱冷藏 4 小时。

b) 通过将阿斗波酱、辣椒、辣椒、¼ 茶匙盐和蛋黄酱混合到一个中等大小的碗中，开始准备墨西哥辣椒蛋黄酱酱，混合所有东西。

c) 将鱼从冰箱中取出，放入涂有油的中型平底锅中煎 2-3 分钟。

d) 在每个玉米饼上涂上 1 汤匙辣椒酱，加入煮熟的鱼、蔬菜和调味料。

60. 烤虾和黑豆炸玉米饼

制作：6份

原料：

- 1磅去皮虾
- 12个玉米饼
- 2汤匙辣椒粉
- 1.5 汤匙榨酸橙汁
- 1 杯黑豆
- 皮科德加洛
- ½ 茶匙初榨橄榄油
- ¼茶匙盐
- 6串

指示：

a) 预热烤架，然后准备酱汁，将黑豆、酸橙汁、辣椒粉和盐放入一个中等大小的平底锅中加热。

b) 当形成光滑的糊状物时，准备虾串。它们需要两面煎约 1-2 分钟，然后刷每只虾并再烤 2 分钟。

c) 做你的玉米饼，加入虾、酱汁和调味料。

61. 熏黑的卡波鱼炸玉米饼

制作： 4 份

原料：

- 1.5 磅白鱼和 8 盎司鱼腌料
- 12个玉米饼
- ¾磅亚洲沙拉
- 9 汤匙酸橙酸奶油
- 4 盎司黄油
- 7 汤匙墨西哥辣椒蒜泥蛋黄酱
- 7 汤匙 Pico de Gallo
- 2汤匙黑胡椒香料
- 蒜泥蛋黄酱的Chipotle
- ¾杯蛋黄酱

- 1茶匙酸橙汁
- 1汤匙芥末
- 粗盐和黑胡椒粉
- 2 个辣椒

指示：

a)　放入一个中等大小的平底锅中，开始融化无盐黄油，加入腌制好的白鱼，撒上一些黑胡椒香料，两面煎2分钟。

b)　将每个玉米饼两面加热，加入炸鸡、墨西哥辣椒蒜泥蛋黄酱、一些 Pico de Gallo、一些亚洲色拉和一些调味料。

62. 辣虾炸玉米饼

品牌： 2 份

原料：

- 4个低碳水化合物玉米饼
- 4 汤匙芒果莎莎酱
- 16只大虾
- 1汤匙新鲜切碎的香菜
- 1 杯罗马生菜
- ½ 杯切达干酪
- 4茶匙辣椒酱
- ½ 杯炒洋葱
- 1 酸橙汁

指示：

a) 从虾开始，将它们腌制并串入 siracha 酱中 5 分钟。

b) 打开烤架，将洋葱煮几分钟，直到完全煮熟。

c) 放下每个玉米饼，在上面放上酸奶油、虾、生菜、切碎的奶酪、烤洋葱和其他调味料。

63. 罗非鱼炸玉米饼

制作：1份

原料：

- 1 磅罗非鱼片
- 2个白玉米饼
- ½ 切片鳄梨
- ¼ 茶匙橄榄油
- 1个西红柿
- 1 个白洋葱
- 1 酸橙汁
- 1把香菜

指示：

a) 放入加热的烤箱中开始烤玉米饼和罗非鱼片两面，但用一些橄榄油、盐和胡椒调味鱼。在一个中等大小的碗中，混合番茄、酸橙汁、洋葱和调味料。

b) 在每个玉米饼上放一层漂亮的鱼丝，加入碗里的混合物，鳄梨片，然后把剩下的鱼放在上面。

64. 莫吉托烤鱼玉米卷配青柠沙拉

制作：8份

原料：

- 8个玉米饼
- 2汤匙酸橙汁
- 2 汤匙切碎的薄荷叶
- 1 磅结实的白鱼（大比目鱼、鲷鱼或鳕鱼）
- 1汤匙菜籽油
- 1 个新鲜墨西哥辣椒
- ½ 茶匙盐和 1 茶匙糖
- 酸橙沙拉
- 2 汤匙 最小的
- ½ 杯低脂蛋黄酱

- 1.5 杯切碎的卷心菜
- 1汤匙新鲜酸橙汁

指示：

a) 开始将鱼和腌料混合在一起，然后将其放入冰箱 3 分钟。完成后，把鱼拿出来，开始两面烤，直到它变得又好又硬。

b) 准备酸橙沙拉时，将卷心菜、蛋黄酱、酸橙汁和薄荷放入一个中等大小的碗中，搅拌均匀。

c) 将鱼放在每个玉米饼上，加入一些色拉勺和蔬菜。

65. 香菜酱烤鱼玉米饼

品牌： 2 份

原料：

酱

- ¼ 杯大葱和香菜
- 2.5 汤匙蛋黄酱
- 3汤匙酸奶油
- 2 颗青柠（汁）
- ½ 茶匙盐、胡椒粉和 1 瓣大蒜

鱼

- 2磅红鲷鱼排
- 4个玉米饼
- 2 ½ 罐卷心菜

- 1 汤匙孜然粉和香菜粉
- ½ 茶匙红辣椒、辣椒粉和大蒜盐

指示：

a) 开始将香菜酱成分混合在一个中等大小的碗中，然后放在一边。

b) 对于鱼，用一些大蒜粉、孜然、辣椒粉、香菜和红辣椒调味，双面烤 5 分钟。

c) 鱼吃完后，将其纵向切开并放在玉米饼上，在上面加入卷心菜和 1 汤匙香菜酱。

66. 健康的鱼炸玉米饼

原料：

- 1磅白色片状鱼，如mahi mahi
- ¼ 杯菜籽油
- 1 个酸橙，榨汁
- 1汤匙凤尾鱼辣椒粉
- 1 个墨西哥胡椒，粗碎
- ¼ 杯切碎的新鲜香菜叶
- 8个面粉玉米饼
- 白菜切丝
- 辣酱
- 奶油或酸奶油
- 切成薄片的红洋葱
- 切成薄片的葱

● 切碎的香菜叶

指示：

a) 将烤架预热至中高温。将鱼放入盘中，加入油、酸橙汁、墨西哥胡椒、凤尾鱼和香菜。充分混合以覆盖鱼，然后腌制 20 分钟。

b) 从腌料中取出鱼，肉面朝下烤。烧烤 4 分钟，然后翻转并烧烤 30 秒到 1 分钟。

c) 让它静置 5 分钟，然后用叉子剥落。

d) 烤玉米饼 20 秒。

e) 将鱼放入每个炸玉米饼中，并用卷心菜、洋葱和香菜装饰。

f) 淋上辣酱，然后加入您选择的莎莎酱。

67. 卡真虾炸玉米饼配番茄酱

品牌：8 份

原料：

- 2 杯酸奶油
- 2茶匙辣椒粉
- ½ 茶匙辣椒粉
- ¾ 磅粘果酸浆，去壳，冲洗，切成四等份
- ½ 杯粗切的未去皮青苹果
- 2汤匙粗切碎的新鲜罗勒
- 2汤匙粗切碎的新鲜薄荷
- 1½ 茶匙辣椒粉
- 1½ 茶匙辣椒粉

- 2 磅未煮熟的中等虾，去皮，去内脏
- 2汤匙橄榄油
- 1汤匙蒜末
- 16 购买的炸玉米饼壳
- 1 大束西洋菜，修剪
- 2 个鳄梨，去皮，去核，切丁

指示：

酸奶油：

a) 在中型碗中搅拌所有成分以混合。用盐调味。

莎莎酱：

b) 在食品加工机中将番茄、苹果、罗勒和薄荷切碎。

c) 转移到小碗里。用盐调味。

虾：

d) 将辣椒粉和辣椒粉混合在大碗中。加入虾；扔到外套上。

e) 静置 5 分钟。在大锅中用高温加热油。

f) 加入大蒜，炒香，大约 1 分钟。加入虾；炒至中心不透明，约 5 分钟。

g) 用盐和胡椒调味。转移到一个小碗里。

h) 将烤箱预热至 350°F。将炸玉米饼壳放在厚重的大烤盘上。烘烤至热，大约 8 分钟。将贝壳放入衬有餐巾纸的篮子中。

i) 将一半的豆瓣菜放在盘子里。

j) 顶配虾。切碎剩余的西洋菜。放在小碗里。

k) 将酸奶油、莎莎酱、鳄梨和切碎的西洋菜分别放入不同的碗中。

68. 酸橘汁腌鱼炸玉米饼

品牌： 4 份

原料：

- 1.5 磅红鲷鱼片；在 ½ 英寸块
- 10个酸橙汁
- 1 个洋葱；切碎
- 1 个墨西哥辣椒；去籽/切碎
- 14.5 盎司罐装西红柿
- ½ 杯玉米粒
- ¼ 杯切碎的香菜
- 2汤匙橄榄油
- 2汤匙番茄酱
- 1 汤匙伍斯特沙司

- ½ 茶匙干牛至
- 盐;去尝尝
- 8 玉米饼
- 1 个红洋葱；薄的切片
- 1 个牛油果；去皮/切片

指示：

a) 在一个大玻璃或非反应性铝碗中，轻轻混合鱼和酸橙汁。盖上盖子，冷藏并腌制过夜。

b) 当您早上取出鱼时，它会被“煮熟”，可以安全食用。

c) 准备上玉米饼时，将洋葱、墨西哥胡椒、西红柿、玉米香菜、橄榄油、番茄酱、伍斯特沙司和牛至放入一个大玻璃碗中。拌匀。加盐调味。

d) 将鱼沥干并冲洗干净，加入番茄混合物中，轻轻搅拌均匀。

e) 用微波炉或烤箱加热玉米饼。将 ⅛ 的鱼混合物放入玉米饼中，并用红洋葱和鳄梨装饰。

69. 烤鱼炸玉米饼配绿色莎莎酱

品牌： 4 份

原料：

- 3.5 杯切碎的红色或绿色卷心菜
- ¼ 杯白蒸馏醋
- 盐和胡椒
- ¾磅新鲜番茄
- 2汤匙色拉油
- 1 个洋葱， 切成 ½ 英寸的薄片
- 1.5 磅肉质结实的去皮鱼片（鳕鱼、鲈鱼）
- 4 个墨西哥辣椒
- 2 茶匙酸橙汁
- ¾ 杯新鲜香菜叶

- 1 瓣大蒜
- 12 个热玉米饼或低脂面粉玉米饼（6-7 英寸）
- 低脂酸奶油
- 青柠角

指示：

a) 在一些超市和拉丁杂货店寻找带有纸质外壳的绿色小番茄。

b) 将卷心菜与醋和 3 汤匙水混合。加入盐和胡椒调味。盖好并冷却。

c) 从粘果酸浆中取出并丢弃果壳；冲洗番茄。

d) 穿在竹签上。将一些油轻轻刷在洋葱片上。冲洗鱼并拍干。用剩余的油刷鱼。

e) 将番茄、洋葱和辣椒放在烧烤架上。

f) 做饭，根据需要转动，直到蔬菜变成褐色，8-10 分钟。

g) 放在一边冷却。

h) 将鱼放在烤架上（中高温）。Cook，转动一次，直到鱼不透明但最厚的部分看起来仍然湿润（切开测试），10-14 分钟。

i) 去除辣椒的茎；去除种子。

j) 在搅拌机或食品加工机中，将粘果酸浆、辣椒、酸橙汁、¼ c 香菜和大蒜搅拌至光滑。切洋葱。将切碎的洋葱加入莎莎酱中，加入盐和胡椒调味。

k) 倒入小碗中。

l) 要组装每个炸玉米饼，请在玉米饼中加入少许卷心菜调味料、几块鱼、莎莎酱和酸奶油。加入少许酸橙、盐和胡椒调味。

70. 玛格丽塔虾炸玉米饼

品牌：6 份

原料：

- 1.5 磅带壳虾；生
- ½ 杯龙舌兰酒
- ½ 杯酸橙汁
- 1茶匙盐
- 1 瓣切碎的蒜瓣；或更多品尝
- 3汤匙橄榄油；或更少
- 2汤匙切碎的香菜
- 24 面粉玉米饼；（6 或 7 英寸）
- 生菜丝
- 1 个牛油果；切片;或者更多

- 莎莎弗雷斯卡;如所须
- 1 罐（15 盎司）黑豆
- 1 罐（10 盎司）玉米粒
- ½ 杯切碎的红洋葱
- ¼ 杯橄榄油
- 2 汤匙酸橙汁
- ¼ 茶匙孜然粉
- ¼ 茶匙牛至
- ¼茶匙盐

指示：

a) 虾去皮去内脏，如果需要，保留尾巴；搁置。混合龙舌兰酒、青柠汁、盐；倒在虾上，腌制不超过1小时。

b) 用 1 汤匙油将蒜末炒至浅棕色；加入虾，煮熟并搅拌 2 至 3 分钟直至完成。根据需要添加机油。

c) 撒上香菜并保持温暖。对于每个炸玉米饼，将 2 个软玉米饼折叠在一起；用切碎的生菜和黑豆和玉米调味料填满。

d) 上面放上虾、鳄梨片和莎莎酱。

e) 黑豆玉米调味汁：豆子洗净沥干；沥干玉米,

f) 将豆类和玉米与剩余成分混合；冷藏以混合口味。

71. 三文鱼炸玉米饼

制作： 8 玉米饼

原料：

- 418 克罐装阿拉斯加鲑鱼
- 8 汤匙 Fromage frais
- 黄瓜50克；切片
- ½ 茶匙薄荷
- 8 个现成的炸玉米饼壳
- 100 克卷心生菜，切丝
- 3个西红柿；切碎的
- 50 克切达干酪，磨碎
- 装饰用橄榄、凤尾鱼或切碎的辣椒

指示：

a) 将烤箱预热至 200 C，400 F，Gas mark 6。

b) 沥干三文鱼罐头。把鱼切成薄片放在一边。将新鲜奶酪或希腊酸奶、黄瓜和薄荷混合在一起。搁置。

c) 将炸玉米饼壳在烤箱中加热 2-3 分钟直至变软。

d) 将生菜和西红柿堆入每个壳中，然后在上面放上大块鲑鱼、一勺黄瓜混合物和一些磨碎的奶酪。

e) 装饰并立即食用。

72. 玉米沙拉海鲜玉米饼

品牌： 4 份

原料：

- 1磅石斑鱼片
- 2 个酸橙；果汁
- 2茶匙橄榄油
- 8 新鲜玉米饼
- 1杯玉米粒；熟的
- 1个中号红洋葱；切碎的
- 1 杯去籽切碎的黄瓜
- 2 个墨西哥辣椒；切碎， 或品尝
- ½ 束香菜；切碎的
- ½ 杯切碎的红甜椒

- ½茶匙盐；去尝尝
- ½茶匙胡椒粉；去尝尝
- 2 个酸橙；果汁
- 生菜叶或卷心菜丝；选修的
- 青柠角；选修的
- 芫荽枝;选修的

指示：

a) 将鱼放入酸橙汁和橄榄油中腌制 30 分钟。

b) 在烧烤架上烤鱼或在烤箱中烤每英寸厚度总共 10 分钟，每边约 5 分钟。当肉在中心变得不透明时，鱼就准备好了。

c) 加热玉米饼直到变软。将 2 个玉米饼相互重叠，将鱼放在中间并装饰以调味。使用牙签或用蜡纸卷起来将炸玉米饼固定在一起。

玉米辣酱

d) 在中型碗中，混合所有成分。让我们设置 1 小时来混合口味。

73. 红鲷鱼软炸玉米饼

品牌： 4 份

原料：

- ¼ 杯橄榄油
- 2个红洋葱，减半并切成薄片
- 1茶匙盐
- 1.5 茶匙胡椒粉
- 2 茶匙切碎的新鲜百里香
- 1.5 磅红鲷鱼，切成小块
- 1 茶匙蒜末
- 2 茶匙酸橙汁
- 2茶匙酱油
- 2 茶匙切碎的新鲜牛至

- 8 软玉米饼，加热
- 3 杯切碎的生菜

指示：

a) 在平底锅中，用中等高温加热 2 汤匙油，直至变热。加入洋葱、盐、½ 茶匙胡椒粉和百里香，炒至金黄色。

b) 用适度高温加热另一个煎锅直至变热，然后加入剩余的 2 汤匙油。旋转并添加鲷鱼。

c) 翻炒 2 分钟，加入大蒜、酸橙汁和酱油，炒至液体几乎蒸发，鲷鱼呈淡金黄色。

d) 加入牛至和剩余的胡椒粉，搅拌均匀。加入洋葱混合物并搅拌均匀。

e) 用生菜填满玉米饼，在上面放上鲷鱼和洋葱的混合物。

儿童炸玉米饼

74. 新鲜水果炸玉米饼

原料：

- 全麦玉米饼（小）
- 水
- 肉桂粉
- 糖
- 希腊酸奶（香草味）
- 您选择的新鲜水果（切丁）：
- 草莓
- 芒果
- 菠萝
- 奇异果

指示：

a) 将烤箱预热至 325°F。

b) 使用圆形塑料曲奇刀，从全麦玉米饼上切出小圆圈（每个小玉米饼约 2 个）。

c) 将这些小玉米饼放在烤盘上。把水放在一个小碗里；使用涂抹刷在玉米饼的顶部轻轻涂上一层水。

d) 在碗中混合少量肉桂粉和糖；在潮湿的玉米饼上撒上肉桂和糖的混合物。

e) 使用钳子，将每个玉米饼分别覆盖在烤面包机烤箱的金属丝架上，让玉米饼的两侧落在架子上的两个金属棒之间。

f) 烘烤约。5-7 分钟，定期检查玉米饼。

g) 使用钳子，将玉米饼从架子上取下并转移到冷却架上；玉米饼应该保持这个倒置的位置来冷却，这是形成炸玉米饼形状的最后一步。

h) 将冷却的炸玉米饼壳转移到盘子里，在玉米饼壳中放入一团香草希腊酸奶；用勺子抹平并盖住贝壳的底部和侧面。

i) 将您最喜欢的水果倒入果壳中，尽情享用吧！

75. 水果夹心低脂可可炸玉米饼

品牌：6 份

原料：

- ¼ 杯面粉
- ¼杯糖
- 1汤匙烘焙可可
- 2 汤匙 2% 牛奶
- 2汤匙油
- 1个蛋清
- 1茶匙香草精
- 盐的味道
- 8 盎司水果味低脂酸奶
- 4个猕猴桃；去皮，切片

- 6 个大草莓；切片
- 8 盎司 芒果酱
- 1 盎司覆盆子酱
- 1品脱新鲜覆盆子
- 6 枝新鲜薄荷

指示：

a) 将前 8 种成分混合在碗中；打至光滑。冷藏，盖满，2 小时。

b) 一次将 3 汤匙放入加热的 8 英寸不粘锅中，中火加热。煮 2 分钟或直到面糊变干；转动。再煮 1 分钟。取下并盖在金属丝架上；冷却 15 到 20 分钟。

c) 将酸奶涂在每个烤贝壳的一半上。将 5 片奇异果和 5 片草莓交替放入酸奶中。将贝壳折叠起来形成炸玉米饼。

d) 将芒果酱撒在 6 个盘子的下半部分，呈 3x4 英寸椭圆形。

e) 在果酱上涂上 2 条条纹的覆盆子酱。用刀在酱汁中打旋。

f) 在每个盘子上的 coulis 旁边放 1 个炸玉米饼。用覆盆子和薄荷装饰每个盘子。

76. 椰子水果炸玉米饼

制作：6份

原料：

- ⅓杯烤椰子
- 1 杯草莓，切片
- ½ 杯无核绿葡萄，减半
- 1 个中等大小的苹果，去皮、去核并切碎
- 1 根小香蕉，切片
- 2汤匙可倒水果，任何口味
- 6 炸玉米饼壳
- ⅓ 杯香草酸奶

指示：

a) 将椰子铺在烤盘上。

b) 在 350 F 烤箱中烘烤 7 至 12 分钟，经常搅拌。

c) 同时，在中型碗中，将草莓、葡萄、苹果、香蕉和可倒水果搅拌在一起。

d) 用水果均匀地填充炸玉米饼壳。

e) 用酸奶均匀地填满炸玉米饼。

f) 撒上烤椰子。

77. 炸菠萝和橙子炸玉米饼配磨碎的巧克力

品牌：6 份

原料：

- ½ 中号菠萝；去皮， 去核， 切成1
- 2个橙子；去皮， 去籽， 切片
- 2汤匙深红糖
- 4汤匙黄油
- 1.5 汤匙糖果糖
- 6 玉米或面粉玉米饼
- 1.5 杯浓（搅打）奶油
- ½ 杯切碎的新鲜薄荷叶
- 2 盎司苦甜巧克力；精细磨碎

指示：

a) 将菠萝和橙子块放在一个大的、不反应的煎锅里。撒上红糖。

b) 用中高火煮，直到它们开始变成褐色，大约 3 分钟。

c) 翻过来在另一边煮，直到液体蒸发，碎片变成褐色，再煮 2 到 3 分钟。

d) 取出并放在一边。

e) 将 1 汤匙黄油和 ½ 汤匙糖果糖放入一个足以盛放玉米饼的煎锅中。

f) 用中高温加热，直到黄油和糖融化。搅拌。

g) 加入玉米饼，煎 30 秒。

h) 翻过来煎另一面，直到变成褐色并略微酥脆，再煎 30 到 45 秒。消除。

i) 继续剩下的玉米饼，根据需要在锅中加入更多的黄油和糖。

j) 组装时，搅打奶油直至形成软峰。将约 ⅓ 杯菠萝橙混合物涂抹在糖衣玉米饼的中央。

k) 上面撒上鲜奶油、薄荷叶和少许磨碎的巧克力。折叠并发球。

78. 儿童鱼炸玉米饼

制作：1份

原料：

- 冷冻面包鱼条
- 塔科酱
- 莴苣
- 番茄，切丁
- 切达干酪，磨碎
- 酸奶油
- 炸玉米饼壳

指示：

a) 按照包装说明烹制鱼条。

b) 煮熟后，在每个炸玉米饼中放一根鱼条。

c) 添加各种浇头并立即服务。

79. 冰淇淋炸玉米饼

品牌：6 份

原料：

- 2汤匙糖
- ½ 茶匙肉桂粉
- 1.5 汤匙黄油，融化
- 8（5 英寸）炸玉米饼壳
- 1 夸脱冰淇淋，任何口味

指示：

a) 在一个杯子里，混合糖和肉桂。搁置。在每个炸玉米饼壳的内部轻轻刷上黄油。撒上糖混合物，备用。从冰淇淋盒上取下盖子。

b) 取出冰淇淋，放在砧板上。

c) 切成四片。将每片切成两半。将每一半放入准备好的炸玉米饼壳中。将冰淇淋炸玉米饼放入 13x9x2 英寸的烤盘中。

d) 用保鲜膜或箔纸盖紧并冷冻。

e) 上菜时，将炸玉米饼转移到盘子里。

f) 搭配各种配料，如草莓片、蓝莓、鲜奶油、碎坚果、烤椰子、巧克力或焦糖酱。

植物性炸玉米饼

80. 松脆鹰嘴豆玉米饼

制作： 6 个炸玉米饼

原料：

- 6 个玉米饼或面粉玉米饼
- 一罐 15 盎司鹰嘴豆，冲洗并沥干
- ½ 茶匙凤尾鱼辣椒粉
- 3杯切碎的绿色卷心菜
- 1 杯切碎的胡萝卜
- ½ 杯切成薄片的红洋葱
- ½ 杯去籽小丁白胡椒
- ½ 杯葱片
- ¼ 杯切碎的新鲜香菜
- ¼ 杯豆腐腰果蛋黄酱 1 份

- 2 汤匙酸橙汁 ¼ 茶匙海盐
- 1 个鳄梨，去核并切片
- 1汤匙是拉差

指示：

a) 将烤箱预热至 375°F。

b) 将玉米饼放入不粘锅的烤箱安全碗中，然后在烤箱中烘烤 5 -10 分钟，直至酥脆。

c) 在一个大搅拌碗中，用叉子将鹰嘴豆捣碎，撒上辣椒粉。

d) 加入卷心菜、胡萝卜、红洋葱、白胡椒粉、葱、香菜、蛋黄酱和酸橙汁。

e) 充分混合，最后加入盐。

f) 将沙拉混合物分装在炸玉米饼碗中，然后在上面放上鳄梨片。如果您喜欢吃辣的炸玉米饼，请添加是拉差。

81. 豆豉炸玉米饼

制作： 3 至 4 份

原料：

- 油，平底锅
- 1 包（8 盎司）豆豉
- 1¾ 杯不加糖的米浆
- 1汤匙第戎芥末
- 1 汤匙酱油或酱油 ½ 茶匙辣椒粉
- 2 汤匙红藻片
- 1 汤匙营养酵母 ¼ 杯玉米粉
- 13.cup panko式面包屑
- 1 汤匙竹芋玉米饼，用于炸玉米饼
- 1 个鳄梨，切片

指示：

a) 将烤箱预热至华氏 350 度。在烤盘上喷上油。将豆豉切成 2 英寸长和 ½ 英寸厚的块。将湿成分搅拌在一起并放在一边。

b) 将干燥的原料放入食品加工机中并搅拌几次，直到混合物变成细面粉。放在一个小碗里。在米浆混合物中捞出每一块豆豉，然后拌入面包屑混合物。

c) 将烤盘分成三排，相距约一英寸。在碎片上喷油，然后烘烤 15 分钟。翻转并再烘烤 15 分钟。

d) 立即在玉米饼中加入鳄梨片和芒果桃沙司。

82. 墨西哥辣椒奶油蘑菇炸玉米饼

品牌：4

原料：

- 1 个中等大小的红洋葱，切成薄片
- 1 个大波托贝罗蘑菇，切成 ½ 英寸的立方体
- 6 瓣大蒜，切碎
- 海盐调味
- 12 个 6 英寸玉米饼
- 1 杯 Chipotle 奶油酱
- 2 杯切碎的生菜
- ½ 杯切碎的新鲜香菜

指示：

a) 用中高温加热一个大煎锅。

b) 加入红洋葱和波多贝罗蘑菇，翻炒 4 至 5 分钟。

c) 一次加水 1 到 2 汤匙，以防止洋葱和蘑菇粘在一起。

d) 加入大蒜，煮 1 分钟。用盐调味。

e) 煮蘑菇时，将 4 个玉米饼加入不粘锅中，加热几分钟直至变软。

f) 将它们翻过来再加热 2 分钟。消除

83. 扁豆、羽衣甘蓝和藜麦炸玉米饼

品牌：8 份

原料：

填充

- 3 杯藜麦，煮熟（1 杯干藜麦）
- 1 杯扁豆，煮熟（½ 杯干）
- 一批塔可调味料
- 1汤匙椰子油
- 3 片大叶羽衣甘蓝，去掉茎，切碎
- 蓝玉米炸玉米饼壳

浇头

- 2 个鳄梨，去核、去皮和切片
- 新鲜香菜叶 新鲜青柠块

指示：

a) 在加热至中火的大锅中，将煮熟的藜麦、小扁豆、玉米卷调味料、椰子油和羽衣甘蓝混合在一起。充分搅拌 3 - 5 分钟，直到叶子变热枯萎。

b) 根据制造商的说明，在衬有羊皮纸的烤盘上烤炸玉米饼壳。

c) 将馅料装入贝壳，然后在上面放上鳄梨、香菜和一点酸橙。服务温暖。

84. 玉米莎莎酱黑豆炸玉米饼

品牌：4

原料：

- 烹调橄榄油
- 2 瓣大蒜
- 2.5 杯黑豆，冲洗并沥干
- ¼杯燕麦
- ¼杯玉米面
- 1汤匙红辣椒粉
- 1 茶匙粗盐，被分割的
- ½ 茶匙黑胡椒（磨碎并分开）
- 8个玉米饼（小）
- 1 杯玉米，如果冷冻则解冻

- 1 个红甜椒（中等大小，切碎）
- 1 条青辣椒（小，切丁）
- 2 根大葱（切碎）
- 2 颗青柠（榨汁）
- ¼ 杯新鲜香菜（切碎）

指示：

a) 将烤箱预热至 400°F，并将食用油喷在烤盘上。

b) 将切碎的大蒜与豆类、燕麦、辣椒和玉米面一起放入加工机中。在处理混合物之前加入盐和胡椒粉。

c) 准备一个烤盘，将混合物铺在上面。在将混合物烘烤 20 至 30 分钟之前，一定要喷上食用油。

d) 在喷上更多食用油并继续烘烤之前。这有助于确保整个混合物均匀烘烤。

e) 烤好后，将豆浆取出放入碗中，与玉米、灯笼椒、辣椒和葱拌匀。

f) 玉米饼应该用箔纸包裹并在烤箱中加热 5 分钟。

g) 将豆混合物涂在玉米饼上，搭配玉米沙拉和香菜浇头。

85. 烤哈罗米炸玉米饼

品牌：4

原料：

- 橄榄油
- 2个去壳的玉米穗
- 粗盐
- 黑胡椒
- 1 个小红洋葱，切片
- ½ 千克哈罗米干酪，切成厚片
- 8个玉米饼

指示：

a) 准备烤架，将其设置为中高温，并在格栅上彻底涂油。

b) 用油轻轻刷在玉米壳上，然后用盐和胡椒调味。用油、盐和胡椒粉搅拌洋葱圈。烧烤两种原料，玉米烤 10-15 分钟，洋葱烤 4 分钟，经常翻动以确保它变软，并且有烧焦的地方。

c) 一旦玉米冷却，从玉米棒上切下玉米粒并将它们放入一个中等大小的碗中。

d) 在奶酪上刷上少许油，用少许盐和胡椒调味后，每面烤一次，使其完全烧焦并加热。

e) 用微波炉或烤架较冷的部分加热玉米饼使其软化。

f) 将奶酪分成玉米饼，在上面撒上洋葱、玉米、鳄梨、香菜、莎莎酱和酸橙角。

86. 简单的素食炸玉米饼

品牌：1

原料：

- 2个小麦玉米饼
- ½ 杯黑豆
- 1 个鳄梨，切片
- 2 个圣女果，四等分
- 1 个洋葱，切碎
- 新鲜欧芹
- 青柠汁
- 1汤匙橄榄
- 油

- 盐
- 您选择的辣酱

指示：

a) 加热炸玉米饼以彻底加热。

b) 将所有配料按您喜欢的顺序放在炸玉米饼上。你也可以在一个中等大小的煎锅里加热所有的蔬菜。

c) 简单地加热油，加入洋葱、豆类和圣女果，并在整体上撒少许盐。

d) 持续搅拌一分钟后取出。

e) 上玉米饼，撒上一些欧芹、鳄梨片、少许酸橙汁和辣椒酱。

87. 豆子和烤玉米卷

品牌：2

原料：

- 2 玉米卷
- ½ 杯黑豆
- 棒烤玉米
- 1 个鳄梨，切片
- 2 个圣女果，四等分
- 1 个小洋葱，切碎
- 新鲜欧芹
- ¼ 茶匙孜然
- 盐
- 现磨黑胡椒

- 1汤匙油烧烤

指示：

a) 准备烤架，将其设置为中高温，并在格栅上彻底涂油。

b) 用油轻轻刷在玉米壳上，然后用盐和胡椒调味。将玉米烤 10-15 分钟，经常转动以确保它变软，并有烧焦的地方。

c) 一旦玉米冷却，从玉米棒上切下玉米粒并将它们放入一个中等大小的碗中。

d) 拌入黑豆、鳄梨片、圣女果、切碎的洋葱、新鲜欧芹，并用盐、黑胡椒和孜然调味。挤一些新鲜的酸橙以获得浓郁的馅料。

e) 堆在炸玉米饼上，然后根据您的选择享用。

88. 黑豆米饭沙拉炸玉米饼

品牌：4

原料：

- 炸玉米饼壳
- 3 青柠、果皮和果汁
- 1 杯樱桃番茄，每个切成 4 块
- ¼杯红酒醋
- ¼ 杯红洋葱，小骰子
- ¼ 杯香菜、罗勒和大葱的混合物，所有雪纺
- 1 茶匙大蒜，切碎
- 1罐玉米，沥干
- 1 个青辣椒，切成小丁
- 1 红色、橙色或黄色甜椒

- 1 罐黑豆，沥干
- 1.5 杯白米饭，煮熟并保温
- 盐和胡椒调味。

指示：

a) 将圣女果切成四等分，用红洋葱丁、红酒醋、大蒜和盐腌制 30 分钟。

b) 收集并准备辣椒、香草和酸橙。将它们与沥干的黑豆和玉米混合在一起，并用盐和胡椒调味。

c) 将番茄混合物加入豆类混合物中。然后拌入热饭。品尝并根据需要加盐。

d) 在炸玉米饼壳中食用。

89. 有嚼劲的核桃炸玉米饼

品牌：4

原料：

炸玉米饼肉

- 1杯生核桃
- 1汤匙酵母片
- 1汤匙酱油
- ½ 茶匙孜然粉
- ¼ 茶匙辣椒粉
- 1茶匙辣椒

填充

- 1 个哈斯鳄梨
- 1 个罗马番茄，切丁
- 6 汤匙烟熏腰果奶酪蘸酱
- 4片大生菜叶

指示：

炸玉米饼肉

a) 将核桃、营养酵母、日本酱油、辣椒粉、小茴香和辣椒粉放入食品加工机中打成泥，直到混合物呈粗屑状。

填充

b) 对于浇头，将鳄梨放入一个小碗中，用叉子捣碎直至光滑。拌入番茄。

c) 要组装每个炸玉米饼，请将生菜叶放在砧板上，肋骨面朝上。将 ¼ 杯核桃玉米卷肉放在烤盘中央。

d) 在上面放上 1.5 汤匙腰果奶酪蘸酱和四分之一的鳄梨混合物。

90. 清潭炸玉米饼

制作： 4 个炸玉米饼

原料：

- 2汤匙橄榄油
- 12 盎司面筋
- 2汤匙酱油
- 11⁄2 茶匙辣椒粉
- 1⁄4 茶匙孜然粉
- 1⁄4 茶匙大蒜粉
- 12（6 英寸）软玉米饼
- 1 个成熟的哈斯鳄梨
- 生菜丝
- 1 杯番茄沙司

指示：

a) 在一个大煎锅中，用中火加热油。加入面筋，煮至焦黄，约 10 分钟。撒上酱油、辣椒粉、孜然和大蒜粉，搅拌均匀。远离热源。

b) 将烤箱预热至 225°F。在中型煎锅中，用中火加热玉米饼，然后将它们堆放在耐热板上。用箔纸覆盖并将它们放入烤箱中以保持它们柔软和温暖。

c) 将鳄梨去核去皮，切成 1⁄4 英寸的薄片。

d) 将炸玉米饼馅、鳄梨和生菜放在盘子里，与热玉米饼、莎莎酱和任何其他配料一起上桌。

91. 很棒的豆腐炸玉米饼

制作：6份

原料：

- 1磅硬豆腐；切成½英寸的立方体
- 2汤匙红辣椒粉
- ¼ 杯素食伍斯特沙司
- 烹饪喷雾
- ½ 红洋葱；切碎的
- ¼ 杯切碎的香菜
- 1 杯切碎的红甘蓝
- 1 罐素食炸黑豆
- 12 面粉玉米饼
- 萨尔萨舞

指示：

a) 在一个大碗中，将豆腐与辣椒粉和伍斯特沙司轻轻搅拌。静置至少一小时。将烤箱预热至 400 F。用烹饪喷雾轻轻喷洒烤盘。把豆腐均匀地铺在上面。

b) 轻轻喷在豆腐上面，烘烤约 20 分钟，直到豆腐变成褐色并略微酥脆。从烤箱中取出并稍微冷却。在一个中型碗中，混合洋葱、香菜和卷心菜。

c) 将玉米饼铺在 2 到 3 个烤盘上，使它们几乎不重叠。

d) 用大约 1.5 汤匙的豆子涂抹每个的中心，然后放入烤箱约 10 分钟，直到玉米饼开始变成褐色并且豆子变热。

e) 在每个玉米饼的中心放置等量的豆腐。

f) 在上面放上洋葱-卷心菜-香菜的混合物，对折，然后放在盘子里。如果需要，可与莎莎酱一起食用。

蔬菜炸玉米饼

92. Rajas con Crema 炸玉米饼

原料：

填充：

- 5 个 Poblano 辣椒，烤熟，去皮，去籽，切成条状
- ¼ 水
- 1 洋葱，白色，大，切成薄片
- 2 瓣大蒜，切碎
- ½ 杯蔬菜高汤或肉汤

克丽玛：

- ½ 杯杏仁，生的
- 1 瓣大蒜
- ¾杯水
- ¼ 杯杏仁奶，不加糖或植物油

- 1汤匙新鲜柠檬汁

指示：

a) 将一个大炒锅加热至中火，加入水。加入洋葱，煮 2-3 分钟或直到洋葱变软变透明。

b) 加入大蒜和 ½ 杯蔬菜高汤，盖上锅盖蒸。

c) 加入 Poblano 辣椒，再煮 1 分钟。用盐和胡椒调味。从火上移开并稍微冷却。

d) 将杏仁、大蒜、水、杏仁奶和柠檬汁放入搅拌机中，搅拌至顺滑。用盐和胡椒调味。

e) 将杏仁奶油倒在冷却的馅料上并充分混合。

93. 红薯和胡萝卜丁加玉米饼

原料：

- ¼杯水
- 1 杯切成薄片的白洋葱
- 3 瓣大蒜，切碎
- 2.5 杯磨碎的红薯
- 1 杯磨碎的胡萝卜
- 1 罐（14 盎司）西红柿丁
- 1茶匙墨西哥牛至
- 2个阿多波辣椒
- ½ 杯 蔬菜高汤
- 1 个鳄梨，切片
- 8 玉米饼

指示：

a) 在一个大炒锅中用中火加热，加入水和洋葱，煮 3 -4 分钟，直到洋葱变得半透明且柔软。加入大蒜继续煮，搅拌 1 分钟。

b) 将红薯和胡萝卜放入锅中，经常搅拌煮 5 分钟。

酱：

c) 将切丁的西红柿、蔬菜高汤、牛至和辣椒放入搅拌机中，搅拌至光滑。

d) 将辣椒番茄酱加入锅中，煮 10-12 分钟，偶尔搅拌，直到红薯和胡萝卜煮熟。如有必要，在锅中加入更多蔬菜高汤。

e) 放在热玉米饼上，上面放鳄梨片。

94. 土豆和香肠炸玉米饼

制作： 4 份

原料：

- 1汤匙植物油，可选择的
- 1 杯洋葱，白色，切碎
- 3 杯土豆，去皮，切丁
- 1 杯素食香肠，煮熟
- 12个玉米饼
- 1 杯你最喜欢的莎莎酱

指示：

a) 在大炒锅中以中低温加热 1 汤匙油。加入洋葱，煮至柔软半透明，大约 10 分钟。

b) 在煮洋葱的同时，将切好的土豆放入装有盐水的小炖锅中。在高温下将水煮沸。将火调至中火，让土豆煮 5 分钟。

c) 沥干土豆，将它们和洋葱一起放入锅中。将热量调至中高。将土豆和洋葱煮 5 分钟或直到土豆开始变黄。如有必要，添加更多的油。

d) 将煮熟的香肠加入锅中，搅拌均匀。再煮一分钟。

e) 用盐和胡椒调味。

f) 与热玉米饼和您选择的莎莎酱一起食用。

95. 夏季 Calabacitas 炸玉米饼

制作： 4 份

原料：

- ½ 杯蔬菜汤
- 1 杯洋葱，白色，切丁
- 3 瓣大蒜，切碎
- ¼ 杯蔬菜高汤或水
- 2西葫芦，大，切成丁
- 2 杯番茄，切丁
- 10个玉米饼
- 1 个鳄梨，切片
- 1 杯最喜欢的莎莎酱

指示：

a) 在一个大而厚底的锅中，调至中火；将洋葱在 ¼ 杯蔬菜汤中浸泡 2 至 3 分钟，直至洋葱呈半透明状。

b) 加入大蒜，倒入剩余的 ¼ 杯蔬菜汤，盖上锅盖蒸。

c) 揭开盖子，加入西葫芦，煮 3-4 分钟，直到它开始变软。

d) 加入番茄再煮 5 分钟，或直到所有蔬菜变软。

e) 调味后，搭配鳄梨片和莎莎酱在热玉米饼上食用。

96. 辣西葫芦和黑豆炸玉米饼

制作： 4 份

原料：

- 1汤匙植物油，可选择的
- ½ 白洋葱，切成薄片
- 3 瓣大蒜，切碎
- 2 个墨西哥西葫芦，大，切丁
- 1 罐（14.5 盎司）黑豆，沥干

智利 DE ARBOL 酱：

- 2 - 4 个 Chile de Arbol，干
- 1 杯杏仁，生的
- ½ 洋葱，白色，大

- 3 瓣大蒜，未剥皮
- 1.5 杯蔬菜高汤，温的

指示：

a) 在大炒锅中将植物油加热至中火。加入洋葱并煮 2-3 分钟或直到洋葱变软且呈半透明状。

b) 加入蒜瓣，煮 1 分钟。

c) 加入西葫芦，煮至变软，大约 3-4 分钟。加入黑豆并搅拌均匀。再煮 1 分钟。用盐和胡椒调味。

d) 制作酱汁：将煎锅或铸铁锅加热至中高温。每边烤辣椒直到轻轻烤，每边约 30 秒。从锅中取出并放在一边。

e) 将杏仁放入锅中，烤至金黄色，约 2 分钟。从锅中取出并放在一边。

f) 烤洋葱和大蒜，直到稍微烧焦，每边约 4 分钟。

g) 将杏仁、洋葱、大蒜和辣椒放入搅拌机中。加入温热的蔬菜高汤。加工直至光滑。用盐和胡椒调味。酱汁应该浓稠且呈奶油状。

97. 芦笋炸玉米饼

制作：1份

原料：

- 4个黄色玉米饼
- 16 片芦笋，烤
- ¼ 杯蒙特雷杰克奶酪，切碎
- ¼ 杯白切达干酪，切丝
- 盐和胡椒
- 橄榄油，用于刷牙

指示：

a) 准备烤架。

b) 对于每个炸玉米饼，将 ¼ 的奶酪和 4 片芦笋涂在每个玉米饼上，用盐和胡椒调味。

c) 对折。用橄榄油轻轻刷在外面。

d) 每边烤 3 分钟，或者直到玉米饼变脆并且奶酪融化。

98. 豆芽牛肉卷

品牌：8 份

原料：

- 12 盎司 富士豆芽
- 16 个炸玉米饼壳
- ¼ 生菜，切碎
- ½ 包 Taco 混合调味料（1.6 盎司）
- 2汤匙植物油
- 1 番茄，立方体
- 1 磅碎牛肉，煮熟/沥干

指示：

a) 将富士豆芽放入油中加热 30 秒。

b) 加入根据炸玉米饼调味料混合说明准备的牛肉。

c) 熄火，用所需量的混合物填充炸玉米饼壳，加入番茄、生菜和奶酪。

99. 鳄梨酱豆玉米饼

制作：1份

原料：

- 1 包炸玉米饼壳
- 15 盎司 炸豆泥
- 鳄梨
- 切碎的洋葱
- 切碎的西红柿
- 切碎的切达干酪

指示：

a) 在预热的 250 度烤箱中加热炸玉米饼壳，直到完全加热 5 分钟。

b) 在小平底锅中用小火煮豆泥，经常搅拌，直到彻底加热。

c) 对于每个炸玉米饼，分别用勺子舀 2 汤匙，将豆类和鳄梨酱放入炸玉米饼壳中，撒上洋葱、番茄和奶酪。

d) 也可以加一点切碎的生菜。

100. 扁豆玉米饼

品牌： 4 份

原料：

- 1杯洋葱；剁碎
- ½杯芹菜；剁碎
- 1 瓣大蒜；剁碎
- 1茶匙橄榄油
- 1 杯红扁豆
- 1汤匙辣椒粉
- 2 茶匙孜然粉
- 1茶匙干牛至
- 2杯鸡汤；脱脂的
- 2汤匙葡萄干

- 1杯温和或辛辣的莎莎酱
- 8 玉米饼
- 生菜丝
- 切碎的西红柿

指示：

a) 在一个大煎锅中用中火将洋葱、芹菜和大蒜放入油中炒 5 分钟。加入扁豆、辣椒粉、孜然和牛至。煮 1 分钟。加入高汤和葡萄干。盖上锅盖煮 20 分钟，或直到扁豆变软。

b) 取下盖子煮，经常搅拌，直到扁豆变稠，大约 10 分钟。加入莎莎酱。

c) 用湿纸巾包住玉米饼，然后用微波炉高火加热 1 分钟，或直至变软。

d) 将扁豆混合物分成玉米饼。

e) 上面放生菜和西红柿。

结论

如果你是一个喜欢品尝不同世界美食的爱好者，你一定会喜欢墨西哥厨房，尤其是墨西哥卷饼，因为它们是墨西哥最美味的菜肴。我们都喜欢炸玉米饼，因为它们快速、美味，而且随处可见。炸玉米饼既可以是一种舒适的食物，也可以是一种高级的美食享受。墨西哥小吃店、快餐车和墨西哥餐馆随处可见。快乐烹饪！

CPSIA information can be obtained
at www.ICGtesting.com
Printed in the USA
LVHW081921220323
742311LV00009B/640